新手学审计从入门到精通

企业内部审计全流程实操

朱 虹
李艳艳 编著

化学工业出版社

·北京·

内容简介

本书从审计人员应知、应会出发，详细介绍了审计的各项概念、工作方法和案例经验，全面分享了企业内部审计全流程的实操手段和技巧。全书共分为8章，主要介绍了内部控制与内部审计、企业内部审计基础知识、企业内部审计机构设置与管理、企业内部审计工作方法与流程、企业内部审计项目分类、企业内部审计的实施、企业内部审计工作质量控制、信息化环境下内部控制与内部审计等相关内容，附录部分介绍了我国现行内部审计准则。同时，书中配以大量的图示和表格，以及各类审计通知、事实确认书等常用典型示例，以便审计新手"一看就懂、一学就会、现查现用"，降低了知识点堆砌的枯燥性。

本书适合审计新手、在职审计人员、企业内审人员、企业经营管理者、企业培训及咨询人员、高校审计专业和财务管理专业的师生阅读和使用。

图书在版编目（CIP）数据

新手学审计从入门到精通：企业内部审计全流程实操/朱虹，李艳艳编著．—北京：化学工业出版社，2020.11

ISBN 978-7-122-37485-1

Ⅰ.①新… Ⅱ.①朱…②李… Ⅲ.①企业-内部审计-基本知识 Ⅳ.①F239.45

中国版本图书馆CIP数据核字（2020）第142371号

责任编辑：卢萌萌　　　　　　　　　　　文字编辑：王春峰　陈小滔
责任校对：赵懿桐　　　　　　　　　　　装帧设计：王晓宇

出版发行：化学工业出版社（北京市东城区青年湖南街13号　邮政编码100011）
印　　装：三河市延风印装有限公司
710mm×1000mm　1/16　印张15　字数271千字　2021年4月北京第1版第1次印刷

购书咨询：010-64518888　　　　　　　　售后服务：010-64518899
网　　址：http://www.cip.com.cn
凡购买本书，如有缺损质量问题，本社销售中心负责调换。

定　　价：69.00元　　　　　　　　　　　　　　　　　版权所有　违者必究

审计作为企业内部财务监督的一种手段由来已久。早在1972年,美国会计学会颁布的《基本审计概念公告》中就指出:审计是为了查明有关经济活动和经济现象的认定与所制定标准之间的一致程度,而客观地收集和评估证据,并将结果传递给有利害关系的使用者的系统过程。

"如果把审计工作当作'看病',审计发现问题就是'诊断',审计整改则是'治疗',问题严重的要'动手术'。"那么作为一名企业的内部审计人员,如何有效、高质量地为企业"看病"就是一个摆在眼前、亟待解决的问题。

当前我国大多数企业内部审计整体上仍停留在初级阶段。央企、大型国企有着强力、专业的国家审计予以监督,但民营企业缺乏历史经验指导,且内部审计人员业务能力和职业素养参差不齐,导致我国民营企业无法顺利开展内部审计工作,或是即使开展内部审计工作,审计质效也比较差。此外,民营企业通常对于内部审计工作并不重视,往往不能意识到内部审计对于指导企业经营管理的重要作用,导致对于内部审计人员的培养与后续投入不足,由此形成恶性循环。

本书编写的初衷就是想要整理汇总企业内部审计的实操手段,帮助企业内部审计人员有效开展审计工作,推动企业内部审计良性发展。

本书具有如下3大特色:

1. 内容全面

本书内容覆盖审计的历史、基础知识、现行审计体系、机构设置、工作方法与流程、具体项目分类、审计工作实施开展、审计工作质量控制、信息化环境下的内控与审计等,几乎涵盖了企业内部审计人员可能遇到的日常基础工作。

2.内容具备较强的实操性

本书结合编著者多年审计工作经验,在剖析各项审计理论与基本知识的基础上,给出各项审计工作的具体操作方法,如:审计前的准备工作步骤、审计中证据的收集方法、审计后的报告撰写与质量评估方式。同时,给出诸多审计案例,提升企业内部审计人员的审计技能,帮助企业改善审计工作,让审计工作不再"高高在上",加快审计人员入门,推动审计人员的技术精进。

3.对审计工作有较多图解说明和示例

企业审计步骤繁杂、知识点较多,本书详细介绍了审计的各项概念、工作方法和案例经验,同时配以较多图示和表格,以及各类审计通知、事实确认书等的行文示例,让行文编排更具直观性,降低知识点堆砌的枯燥性。

本书的编写过程并非一帆风顺,其中遇到的最大困难在于资料的搜集和后期的整理。因涵盖的知识面非常广泛,且诸多知识点较有深度,为了便于读者理解,同时兼顾知识性与逻辑性,需要结合各类案例和图示在后期撰写时重新组合与梳理成文。所幸本书的撰写得到了很多老师和平台的支持,经过数百个日夜的锤炼和打造,终于以较为理想的形式呈现在读者面前,这是最令人值得欣慰的事情。

在本书编写的过程中,我要感谢我的领导和同事们,是你们的信任帮助我踏入审计的精进之路;感谢我的家人和朋友们,是你们在生活上给予我的无私帮助让我能够完成一次又一次不可能的挑战。

由于编写时间和水平所限,书中难免有疏漏之处,敬请广大读者批评指正。

编著者

目录

第1章 企业监控之本：内部控制与内部审计
001

1.1 企业内控是内部审计工作的出发点与落脚点……002
   1.1.1 企业内控是内部审计工作的出发点……002
   1.1.2 企业内控是内部审计工作的落脚点……002

1.2 企业内控的概念和作用……003
   1.2.1 企业内控的概念……003
   1.2.2 企业内控的作用……004

1.3 企业内控与内部审计的关系……008

第2章 企业内部审计基础知识
011

2.1 企业内部审计的概念及发展阶段……012
   2.1.1 企业内部审计的概念……012
   2.1.2 企业内部审计的发展阶段……012

2.2 企业内部审计的职责与权限……018
   2.2.1 企业内部审计的职责……018
   2.2.2 企业内部审计的权限……019

2.3 我国现行审计体系……020
   2.3.1 我国现行审计体系的构成……020

2.3.2　企业内部审计与国家审计、注册会计师审计的关系 …………021
　　2.3.3　企业内部审计与国家审计、注册会计师审计的区别 …………022
2.4　企业内部审计准则 ……………………………………………………026
2.5　企业内部审计的独立性 ………………………………………………029

第3章　企业内部审计机构设置与管理

030

3.1　企业内部审计机构的设置 ……………………………………………031
　　3.1.1　企业内部审计机构 ……………………………………………031
　　3.1.2　审计人员招聘与优化配置 ……………………………………036
　　3.1.3　内部审计人员的职业道德规范 ………………………………041
3.2　企业内部审计管理 ……………………………………………………044
　　3.2.1　工作内容 ………………………………………………………044
　　3.2.2　工作程序规范 …………………………………………………044
　　3.2.3　工作管理 ………………………………………………………045

第4章　企业内部审计工作方法与流程

046

4.1　第一步：制订年度内部审计计划 ……………………………………047
　　4.1.1　制订年度内部审计计划的原因 ………………………………047
　　4.1.2　年度内部审计计划的内容 ……………………………………047
　　4.1.3　年度内部审计计划的制订依据 ………………………………050
　　4.1.4　年度内部审计计划的格式 ……………………………………053
　　4.1.5　编制年度内部审计计划的流程 ………………………………053
4.2　第二步：立项与授权 …………………………………………………055
　　4.2.1　审计立项 ………………………………………………………055
　　4.2.2　审计批准与授权 ………………………………………………057

4.3 第三步：启动审计工作 ··· 061
　4.3.1 确定具体审计目标和审计范围 ····························· 061
　4.3.2 研究背景资料 ··· 066
　4.3.3 制订项目审计方案 ·· 071
　4.3.4 成立审计小组和确定审计时间 ····························· 078
　4.3.5 发出审计通知书 ··· 078
　4.3.6 开展现场与非现场审计 ······································ 082

4.4 第四步：获取审计证据 ··· 087
　4.4.1 审计证据的种类 ··· 088
　4.4.2 审计取证要求 ·· 089
　4.4.3 获取审计证据的工作步骤 ··································· 090
　4.4.4 审计证据的搜集方法 ··· 092

4.5 第五步：分析性程序及审计测试 ····································· 092
　4.5.1 分析性程序 ··· 092
　4.5.2 审计测试 ·· 095

4.6 第六步：编写审计工作底稿 ··· 098
　4.6.1 编制审计工作底稿的目的 ··································· 098
　4.6.2 审计工作底稿的分类 ··· 099
　4.6.3 审计工作底稿的编辑与撰写 ································ 100

第5章 企业内部审计项目分类

5.1 企业内部审计项目概述 ··· 104
5.2 会计凭证与账簿审计 ·· 104
　5.2.1 会计凭证审计 ·· 105
　5.2.2 会计账簿审计 ·· 107
5.3 资产类账户审计 ·· 110
　5.3.1 货币资金审计 ·· 110

- 5.3.2 应收款项审计 …… 112
- 5.3.3 存货审计 …… 113
- 5.3.4 固定资产审计 …… 117
- 5.3.5 无形资产审计 …… 118
- 5.3.6 长期待摊费用审计 …… 121

5.4 负债类账户审计 …… 122
- 5.4.1 短期借款审计 …… 122
- 5.4.2 长期借款审计 …… 124
- 5.4.3 应付款项审计 …… 126
- 5.4.4 应交税费审计 …… 127

5.5 所有者权益类账户审计 …… 130
- 5.5.1 实收资本审计 …… 130
- 5.5.2 资本公积审计 …… 132
- 5.5.3 盈余公积审计 …… 134
- 5.5.4 利润分配审计 …… 135

5.6 成本类账户审计 …… 136
- 5.6.1 生产成本审计 …… 136
- 5.6.2 制造费用审计 …… 138
- 5.6.3 研发支出审计 …… 139

5.7 财务报表审计 …… 141
- 5.7.1 资产负债表审计 …… 141
- 5.7.2 利润表审计 …… 143
- 5.7.3 现金流量表审计 …… 145
- 5.7.4 所有者权益变动表审计 …… 151

第 6 章 企业内部审计的实施

6.1 企业内部审计的组织与开展 …… 154
- 6.1.1 明确审计的目的 …… 154

6.1.2 收集审计资料 ·· 154

6.1.3 分析审计资料 ·· 155

6.2 企业内部审计报告与内部审计沟通 ·················· 156

6.2.1 内部审计报告 ·· 156

6.2.2 内部审计沟通的定义和方式 ···························· 160

6.2.3 内部审计沟通的内容、问题与技巧 ·················· 161

6.3 企业内部审计基本审计技术 ····························· 163

6.3.1 审核 ··· 163

6.3.2 观察 ··· 164

6.3.3 监盘 ··· 164

6.3.4 审计访谈 ·· 166

6.3.5 调查 ··· 168

6.3.6 函证 ··· 168

6.3.7 计算 ··· 168

6.3.8 分析性程序 ·· 169

6.4 计算机辅助审计技术 ·· 170

6.5 风险导向审计技术 ·· 172

第7章 企业内部审计工作质量控制

175

7.1 健全企业内部审计组织保障机制 ······················ 176

7.2 建立企业内部审计质量控制制度 ······················ 176

7.3 健全企业内部审计人员控制机制 ······················ 178

7.4 采用多种审计工作质量控制手段 ······················ 179

7.5 规范审前、审中、审后全过程 ························· 180

第8章 信息化环境下的内部控制与内部审计 — 182

8.1 信息化环境下内部控制的特点 …… 183

8.2 信息系统内部控制标准——COBIT …… 184

8.3 信息系统的内部审计 …… 187

8.4 持续性财务报告与持续性审计 …… 189

8.5 可扩展业务语言 …… 192

8.6 电子商务活动的内部审计 …… 195

附录 我国现行内部审计准则 — 198

第1101号 内部审计基本准则 …… 198

第1201号 内部审计人员职业道德规范 …… 200

第2101号 内部审计具体准则——审计计划 …… 203

第2102号 内部审计具体准则——审计通知书 …… 205

第2103号 内部审计具体准则——审计证据 …… 206

第2104号 内部审计具体准则——审计工作底稿 …… 209

第2106号 内部审计具体准则——审计报告 …… 210

第2203号 内部审计具体准则——信息系统审计 …… 213

第2205号 内部审计具体准则——经济责任审计 …… 218

第2306号 内部审计具体准则——内部审计质量控制 …… 222

第2309号 内部审计具体准则——内部审计业务外包管理 …… 224

参考文献 …… 228

第 1 章

企业监控之本：内部控制与内部审计

　　内部控制是企业实现可持续发展、取得良好经济效益的基础，而内部控制的效果如何则需要通过内部审计来实现。某种程度上，内部审计的质量与效率是衡量企业内部控制工作的重要标准。内部控制与内部审计两者相互影响、相辅相成，共同构成了企业经营的监控体系。

1.1 企业内控是内部审计工作的出发点与落脚点

1.1.1 企业内控是内部审计工作的出发点

伴随着国内经济多样化、全球经济一体化趋势的加强,国际国内市场竞争双双加剧,企业所面临的风险也不断增加。在此背景下,作为现代企业必须规范自身的经营,强化市场、人事、财务、后勤等一系列管理,建立覆盖整个企业管理体系的内部监督体系。而内部监督体系的构建是建立在有完善的企业内部控制体系基础之上的。

企业内部控制体系最重要的一个环节是内部审计,内部审计是企业内控体系中不可缺少的组成部分。内部控制体系建立后,内部控制工作的开展需要随着企业经营管理实际情况不断变化,为保证控制效果必须定期开展内部审计,以检验企业内部控制体系的运行效果。从这个角度理解,企业内部控制是内部审计工作的出发点。

案例1

A公司建立内部控制体系,成立了以董事长为首、各部门负责人为主要成员的内部控制领导小组。小组下设内部审计部门,董事长要求内部审计部门每年开展内部控制制度审计,及时发现制度漏洞进行改善。同时,审计人员也可以直接向董事长汇报工作,这无形中就是一种监督,可大大提高各个部门的工作质量和工作效率。

企业内部控制制度持续完善的需要催生了企业开展内部审计工作,内部审计是企业内部控制体系必要的组成部分之一。

1.1.2 企业内控是内部审计工作的落脚点

企业内部审计机构(部门)依照国家有关法律法规和企业内部规章制度通过定期对各项业务经营与管理活动的真实性、合法性、合理性和有效性开展独立的检查与测试,能够及时发现企业经营管理上的现有漏洞或是潜在风险,以此判断企业现有内部控制体系的质效,并结合审计工作发现的漏洞和风险隐患,针对企业现有经营管理活动提出审计建议,从而帮助改善与优化企业内部控制制度与体系。可以看出,内部审计工作的开展能够推动内控体系健全与完善,企业内控是内部审计的落脚点。

> **案例2**
>
> B公司内部审计部门在开展内部审计时,发现公司授权存在问题。比如,销售、发货与收款由同一部门负责,不符合《企业内部工作基本规范》的要求;公司出纳员兼任债权、债务账目的登记,不符合不相容职务分离控制的原则。
>
> B公司内部审计部门根据发现的两个问题提出针对性审计建议,具体如下。
> ① 公司应设立不相容岗位分别管理销售、发货与收款。
> ② 公司应设立不相容岗位分别管理现金存款与债权债务。
>
> 在内部审计部门的审计建议下,B公司进行了整改,内部控制水平得以提升,内部控制体系得以完善。

可以看出,企业内部审计的目标就是帮助企业持续完善与健全内部控制制度。对于现代企业而言,内部审计是内部控制体系的重要组成部分,同时又能推动内部控制体系的持续健全与完善。

1.2 企业内控的概念和作用

1.2.1 企业内控的概念

企业内控是企业内部控制的简称,其目标是保证企业内部运作、经营管理合法合规;保证企业资产安全、财务报告及相关信息真实完整;提高企业经营效率和效果,促进企业可持续发展。

企业内控属于全面风险管理系统的一个子系统,涵盖在全面风险管理的范畴内,是隶属于其中的一个重要部分,通常由企业董事会、监事会、经理层和全体员工实施。比较规范的概念是,以专业管理制度为基础,以防范风险、有效监管为目的，通过全方位建立过程控制体系、描述关键控制点和以流程形式直观表达生产经营业务过程而形成的管理规范。

1.2.2 企业内控的作用

随着现代企业制度的建立和完善，国家也陆续出台多个企业内控制度，帮助企业完善内控体系，可见，国家在政策层面对企业内控的重视程度，也昭示着企业内部控制建设正在迈入一个全新的阶段。

随着我国经济步入"新常态"，外部经济环境竞争激烈，经济拐点逐渐凸现，企业管理弊端开始涌现，建立、健全系统有效的内控制度对于企业有序地开展管理活动，实现自身健康长久的发展具有重要的意义，具体表现在以下6个方面。

（1）是企业经营活动可持续发展的重要保证

近年来，我国部分企业正面临着越来越多的内控问题，尤其是一些中小企业由于内部控制不当、疏于内部管理体系建设，企业内部管理问题不断涌现。例如，企业内部人员私自出卖商业机密或利用私权非法收取贿赂。不可否认，企业内部控制制度不完善、内部管理体系缺失是引发上述问题的关键因素。

企业想要取得良好的经济效益，并实现可持续发展，就必须要强化内控意识、建立健全内控机制。那么，内部控制活动是如何影响企业经营的呢？如图1-1所示。

图1-1 内部控制对于企业经营活动的作用

（2）有利于提高经营管理水平

近年来，经济与金融形势愈发严峻，外部市场环境瞬息万变，企业之间的竞争变得愈发激烈。在这种背景下，企业必须不断提升经营管理水平，以适应发展变化的外部环境。内部控制对企业经营管理水平的提升作用体现在以下3个方面，具体如图1-2所示。

面对竞争激烈的外部市场环境，企业建立一套完备的内部控制体系，能够促进自身管理活动的正常运行，有效提升企业管理水平。

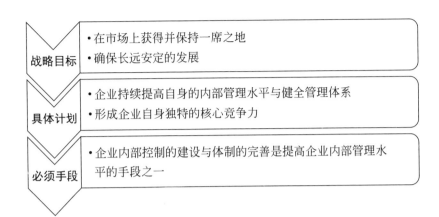

图1-2 内部控制对企业经营管理水平的作用

此外,企业建立内部控制制度、健全内部管理体系能够在企业日常的经济管理活动中帮助企业实现自我监督和自我约束的目的,从而强化企业的管理制度、优化管理流程,保障企业的长远发展。

综上所述,现代企业内部控制制度的完善水平是决定企业在激烈的市场竞争中能否获得一席之地的重要因素之一。

(3)是企业规范员工行为的必要条件

内控的作用除了上述两条外,还有一个重要作用即对员工行为进行规范。具体可通过健全培训制度,约束职责权限及优化企业文化来实现,具体如图1-3、图1-4、图1-5所示。

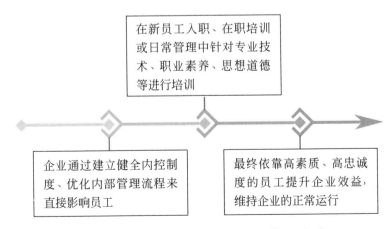

图1-3 内部控制通过健全培训制度规范员工行为

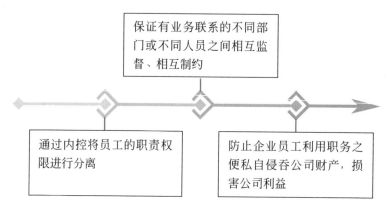

图1-4　内部控制通过约束职责权限规范员工行为

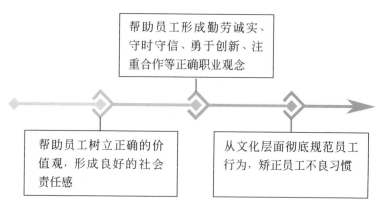

图1-5　内部控制通过优化企业文化规范员工行为

（4）有利于提高企业财务会计信息的质量

企业会计信息的真实性和完整性是企业可持续发展的重要影响因素之一。在企业持续发展经营的过程中，企业管理层在做出重大决策时首先要考虑的就是企业目前的财务资金情况，只有企业拥有准确可靠的会计信息才能保证管理者制订出有利于企业长远发展的决策，从而保证企业发展战略的有效实施。

但在实际经营中，由于生产经营过程中面临着更为复杂的业务活动，规模较大的企业往往会出现财务会计信息不完善或是财务数据不准确的情况，导致企业管理经营者在利用这些会计信息进行决策时面临诸多困难。

健全的内部控制能够帮助企业解决这些困难。健全的内控制度能够保证财务会计人员在处理财务会计信息时能够明确自身的职责分工与权限，从而确保不同的部门和员工在进行相关工作时相互监督与约束，因此加强企业内控能够提高企业财务会计信息质量。

（5）有利于提高企业预防风险的能力

在现代社会中，企业的生产经营活动往往同时需要多个部门的共同合作，只有这样才能保证经济活动的正常进行。

由于企业经济活动的复杂性，企业的经营与管理活动经常面临着诸多风险。同时由于企业拥有一体化的生产系统，其风险并不是封闭的，一旦某项经营活动某个环节中或是涉及的某个部门出现风险事件，企业其他业务环节或相关部门也会随之受到影响与牵连，如此则会对企业的正常运转带来阻碍，严重的还会影响到企业未来的长远发展。

强化企业内控管理能够提高企业预防风险能力，主要表现在3个方面，如图1-6所示。

图1-6　内控在企业风险预防上的作用

（6）是建立和完善现代企业制度的内在要求

建立和完善现代企业制度必须走高度市场化之路，随着市场经济体制改革与结构升级进程的加快，大中型企业率先参与市场，并得到了快速发展，小、微企业受政府扶持也不断参与市场，形势蒸蒸日上。

当经济从计划经济向市场经济深度转变后，企业逐渐成为市场的经济主体。尤其是个别国企，以往靠国家财政扶持度日，与政府职能部门的界限不清晰、定位不明确，严重影响了自主发展。而深度参与市场后，企业在进行经济活动时都是自负盈亏，自主承担风险。

由于不具备足够的经营管理知识，企业投资人通常会选择聘请专业的职业经理人来管理企业，同时为了保证自有资产不受到企业盈亏的影响，企业投资人又将自有资产与企业经营管理资产进行隔离。因此"产权清晰、权责分明"就成了现代企业在计划经济向市场经济过渡时期的重要特征。与此同时企业面临的风险也是巨大的，市场的风险进一步加大，这就要求企业在与市场接轨的同时必须做好市场风险控制。

在这样的背景下，内控作为风险管理的重要形式，对于降低企业市场风险、建立和完善现代企业制度能够起到促进作用。

综上所述，从对企业内控的必要性和重要意义的分析来看，为应对不断变化发展的市场环境，必须加强企业内控力度，建立和完善企业现代化制度，规范企业管理人员与员工的行为，切实落实不同部门之间相互监督和制约。这样才能高效地解决企业发展中的各种问题，保护企业的财产和利益不受侵害，实现企业健康、长远发展，从而最终实现企业的发展战略。

1.3 企业内控与内部审计的关系

企业内控与另一项工作——内部审计紧密相连。有经验的管理人员都知道，只要一提到内部控制，必然会涉及内部审计。同时，也只有处理好内控与内部审计的关系，明确内控与内部审计之间的区别与联系，才能促进企业稳步发展。

那么，企业内控与内部审计到底是一种什么关系呢？可以从3个方面来看。

（1）内部审计是内控工作的重要组成部分

内部控制制度是为了使企业经济活动的操作处理方法制度化、规范化而制订的一系列要求员工遵照执行的相关规章制度。它包括内部会计控制制度和内部管理控制制度，会计控制制度包括相关组织机构的设置以及与财产保护和财务会计记录可靠性有直接关系的各种措施；管理控制制度除相关组织机构的设置外，还应包括管理部门对事项核准和决策步骤上的程序与记录。

内控作为一个管理框架，内审是这个内控框架内一个重要组成部分，主要是监督作用。没有内审，内控本身就是不完整的。内控框架的建立、实施、维护、检查、修订是管理层的责任，相当于自检。内审一般是独立于管理层的，内审对内控的健全性、合理性、有效性进行审计属于独立检查，相当于第三方评价，如图1-7所示。

（2）内控效果必须通过内部审计的检验

从上一节可以得知，企业内控本质上是企业的一种风险管理，企业的风险管理比较复杂，可分为不可控风险和可控风险。其中不可控风险通常通过风险转移、保险、风险接受等方式进行应对；可控的风险通常通过内部控制手段进行应对。

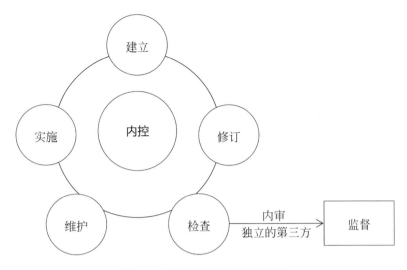

图 1-7 内控框架的重要组成部分

可见,内审是内控的一个部分,内控的一切活动通常是在审计委员会授权之下由内审部门牵头完成。内控的有效性,要靠内审来评价,就有了"内部控制的内部审计"。换句话说,降低风险是企业内部控制主要任务之一,那么控制的效果如何,就需要通过内部审计来检验。审计检查完后发现没有任何问题,说明内控工作做得到位,假如发现还有一些问题,说明管控的效果并不理想,这时就需要追根溯源,重新找原因,解决问题。

从这个角度看,企业审计是企业内控工作最后的结果检验环节,是检验企业内控工作效果优劣的评价工具,也将指导企业下一阶段内控工作的进行,如图1-8所示。

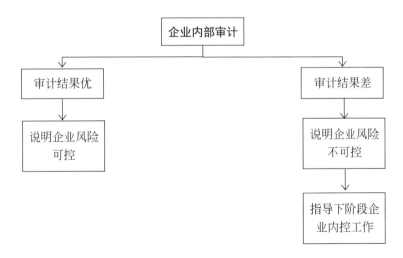

图 1-8 企业内部审计是内控工作最后的结果检验环节

（3）内控推动内部审计工作持续有效地开展

内部审计作为内控的主要组成部分，是内控工作的有力保障，保证内控工作的成效。反过来讲，内控又可推动内部审计工作持续有效地开展，对审计的执行起到至关重要的推动作用。

比如，审计人员要想在短时间内对被审计单位的财务状况和经营情况做出正确评价，需要依赖被审计单位相关的内部控制制度。否则，审计风险将难以控制。

随着对外开放的不断深入，审计理论与方法也在逐步更新，原有的对会计资料的详细检查，已逐步被以评价内部控制制度为基础的审计方法所取代，这在国外俗称为制度基础审计，也称风险基础审计。这是通过对被审计单位内部控制存在性、合理性及有效性的评价，来确定审计重点、范围，进而达到对该单位进行总体评价的目的。为保证审计评价的客观公正，审计人员必须抓住控制点。所谓控制点，是指经营活动过程中容易发生错弊，因而需要加以控制的关键环节，任何经营活动都可能存在几个控制点。

从这个角度看，企业内控是内部审计的基础，为内部审计的有效执行提供了保障，为内部审计提供了一个良好的外部环境。

企业内控与内部审计实施范围不同，但最终目标是相同的，都是为优化企业经营管理，降低企业经营风险而服务。内控与内审的关系可以总结为，内审是内控的一个部分，内控则是对内审进行监督，两者相辅相成，缺一不可。

第 2 章

企业内部审计基础知识

在现在市场竞争日益激烈的宏观环境下,企业内部审计对于企业长期经营管理和内部控制的作用不言而喻。作为一名企业内部审计人员,如何开展具体的审计工作,如何真正做好审计工作,这些知识都需要学习。这一章就来具体介绍一下企业内部审计基础知识。

2.1 企业内部审计的概念及发展阶段

2.1.1 企业内部审计的概念

企业内部审计是企业管理者通过监督、协调、管控企业经营活动来调整企业项目发展进度，从而实现对企业进行内部管理的一种手段，可以说，企业内部审计是企业内部管理的基础。

那么，什么是企业内部审计呢？作为内部审计人员要充分理解内部审计的概念，这有助于更好地理解自身工作职责与强化使命感，有助于提高内部审计工作质量与效果。

对内部审计做出比较全面解释的是国际内部审计师协会（Institute of Internal Auditors，简称IIA）2017年发布的《国际内部审计专业实务框架》。其中是这样解释的：内部审计是一种独立、客观的确认和咨询活动，旨在增加价值和改善组织的运营。它通过应用系统、规范的方法，评价并改善风险管理，控制及治理管理过程的效果，帮助组织实现其目标。

国际内部审计师协会（IIA）于1941年在美国纽约成立，是民间学术团体，后不断吸纳各个国家加入，最终发展成为一个国际性审计职业团体，基于此国际上通用的内部审计概念普遍参考国际内部审计师协会历次公布的概念。

2.1.2 企业内部审计的发展阶段

企业内部审计工作的演变与外部经济环境的变化，以及企业经营活动的发展是密不可分的，经济周期的反复和经济危机的爆发，都倒逼着企业内部审计工作的变化，同时带动着内部审计职能范围一再扩大和改变。

从内部审计工作的发展历程上来看，大致经历了四个阶段，如图2-1所示。

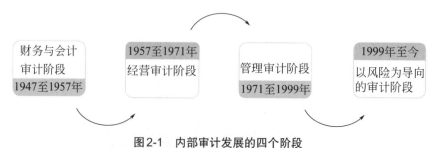

图2-1 内部审计发展的四个阶段

下面就介绍一下不同阶段内部审计工作内容的变化。

(1) 第一阶段：财务与会计审计阶段（1947至1957年）

1947年国际内部审计师协会首次明确"内部审计"的概念，具体是指建立在审查财务、会计和其他经营活动基础上的独立评价活动，为管理提供保护性和建设性的服务，处理财务与会计问题，有时也涉及经营管理中的问题。

该概念首次将内部审计概念作为一项"独立"的评价活动，该评价活动是基于对"财务、会计和其他经营活动"的检查。此阶段内部审计工作的核心是财务审计，即以检查财务与会计为主，如图2-2所示。

图2-2　第一阶段内审工作的核心

(2) 第二阶段：经营审计阶段（1957至1971年）

20世纪50年代初随着社会经济活动的发展，发达资本主义国家工业经济发展普遍较快，出现了以大量固定资本投资为标志的周期性经济，主要国家工业生产和对外贸易都呈显著增长态势。然而到了1957年却出现了第二次世界大战以来第一次经济危机，尤以美国最甚。

此背景下，国际内部审计师协会对内部审计进行了重新定义，其工作内容也有所变化，如图2-3所示。即内部审计不仅仅是一项审查财务、会计和经营活动的独立评价活动，而且还要为管理提供服务，是一种衡量、评价其他控制有效性的管理控制。

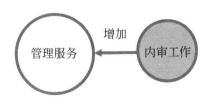

图2-3　第二阶段内审工作的新增内容

此次修改明确了内审工作管理服务的职能，即"衡量、评价其他控制有效性"。这标志着审计工作由财务会计审计向经营审计的过渡，要求审计工作需要从企业经营角度出发，而不仅监督企业财务与会计，还要监督企业经营活动的有效性。可以看出，在20世纪50年代那个"危机四伏"的年代，市场严重影响到了企业经营，因此，内部审计师被赋予了更多的期望，越来越多的人希望通过内部审计让企业管理更加合理、有效，企业生产效率得到大大提升。

（3）第三阶段：管理审计阶段（1971至1999年）

1971年美国经济结束了长达8年的繁荣期，生产严重过剩，而且这种情况正在全球范围内加速恶化。基于这种情况国际内部审计师协会在管理审计阶段对内部审计的概念共计进行了4次重大修改。

1）第一次修改

第一次修改去除了"建立在检查财务、会计和其他经营活动基础上"的部分，此时之前基于财务会计检查，沿用了二十余年的概念被改变。新修改的概念突出了管理控制的特性，这标志着审计工作由经营审计向管理审计的真正转变。

2）第二次修改

1978年进行了第二次修改，当时恰恰是经济危机结束后的第三年，美国经济处于高涨期。这一年国际内部审计师协会再次修改"内部审计"，这次修改最大的变化是从"为管理服务"向"为组织服务"转变，如图2-4所示。

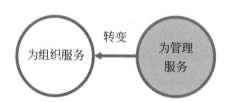

图2-4　第三阶段内审工作主要功能的转变

在这里要明确什么是"为组织服务"。所谓为组织服务是指企业审计人员并不是单纯地为企业某一部门或某一个人服务，而是为整个组织服务。这就将内部审计人员想事情、做事情的立场提升到整个企业的高度，要求内部审计人员必须以整个企业的长远发展和全局利益为出发点。本次修改扩大了内部审计工作的范围，拔高了内部审计人员的格局。

3）第三次修改

1990年世界经济危机再次爆发，经济面临着停滞不前与通货膨胀的双重困境。这一年，国际内部审计师协会第三次修改"内部审计"概念。该概念明确了内部审计工作是为了"该组织内部"的一项服务工作，以此与外部审计相区别。具体指出内部审计是在一个组织内部建立的一种独立评价职能，目的是作为对该组织的一种服务工作,对其活动进行审查和评价。

4)第四次修改

1993年,全球经济处于震荡中,虽然通货膨胀率看上去在全球范围内得到有效控制,但却是以高失业率为代价的。这一年,国际内部审计师协会在该阶段第四次修改"内部审计"概念。具体是指在组织内部建立的一种独立的评价职能,目的是作为该组织的一种服务工作,对其活动进行审查和评价,以合理成本促进控制工作的有效开展,以帮助组织成员有效地履行责任。

这一概念首次公开明确了"内部审计是为了组织服务"的具体涵义,即内部审计工作服务于通过利用合理成本促进组织内控工作的有效开展和帮助组织成员有效履职。

国际内部审计师协会在该阶段对"内部审计"的四次修改,体现出协会对内部审计工作的态度,即内部审计工作是企业组织内部管理工作的一种延伸,是企业组织管理活动的重要组成部分之一。

在管理审计阶段,内部审计的职能由经营审计扩大到管理审计,同时审计的目的由"为管理服务"改为"为组织服务",这使内部审计师需要站在整个企业组织的立场上观察和评价问题,为组织的长远的和全局的利益服务,这无疑扩大了内部审计服务的范围。

(4)第四阶段:以风险为导向的审计阶段(1999年至今)

1999年,美国经济实现了"高增长、低通胀、低失业"的三大目标,与之不同的是,全球经济正处于经济大萧条的漩涡中。从本质上看,这一轮美国经济的发展是虚假繁荣,是美国股票和债务市场投机取巧的结果。基于这种情况国际内部审计师协会对"内部审计"的概念进行了修改,内部审计也开启了以风险为导向的审计阶段,在这一阶段里"内部审计"概念共计修改2次。

1)第一次修改

1999年,国际内部审计师协会在以风险为导向的审计阶段第一次修改"内部审计"概念。内部审计是指一种独立、客观的保证和咨询活动,其目的在于为组织增加价值和提高组织的运作效率,它通过系统化和规范化的方法,评价和改进风险管理、控制和治理过程的效果,帮助组织实现其目标。

这一概念删除了"组织内部"一词,而"组织内部"实际上强调了内部审计工作仅限于组织内部,这也意味着组织外部不可或是不易借鉴内部审计工作的审计结果,同时内部审计工作亦不可借助外部力量。这一变化预示着内部审计工作将会运用在更广阔的领域,同时也可以借助外部的力量更好地完成工作。

用"咨询"取代"评价活动"、增加"评价和改进风险管理、控制和治理过程的效果",其实都预示着内部审计的发展进入了更高的层次和阶段,内部审计正处在由管理审计向风险评估过渡的阶段,主动提出解决问题的建议将取代以往被动检查问题,内部审计将更具前瞻性。

2)第二次修改

2004年,世界经济加速复苏,这一年国际内部审计师协会再次修改"内部审计"概念,指出内部审计是一种独立、客观的确认和咨询活动,旨在增加价值和改善组织的运营。它通过应用系统的、规范的方法,评价并改善风险管理、控制和治理过程的效果,帮助组织实现其目标。

与1999年的概念不同,这次"内部审计"的概念将"保证"修改为"确认",明确了内部审计无需全面保证组织的各项经营活动,只需要对于审计事实予以确认即可。

同时,将"为组织增加价值和提高组织的运作效率"改成"旨在增加价值和改善组织的运营",删除了"为组织"这一限定词,这使得内部审计的服务对象更为广泛,在致力于增加本组织价值的同时,还要服务于组织所有利害关系人(如股东、债权人、客户、委托人)。

此外,这一概念对内部审计进行了更为全面、细致的描述,如图2-5所示。

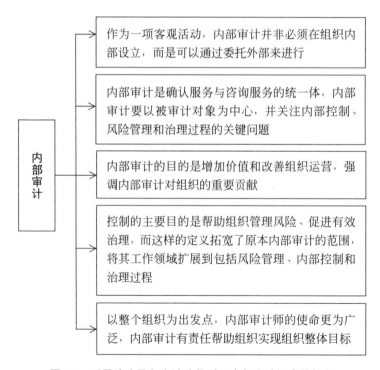

图2-5 以风险为导向审计阶段对于内部审计概念的解释

从上述概念可以看出,新的"内部审计"概念更加突出组织的整体目标,这是因为现代企业管理更加强调总体管理的理念,这包含2层含义,如图2-6所示。

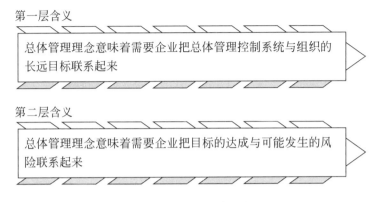

图2-6 总体管理理念的含义

这一管理理念的变化,就迫使在内部审计职能中融入"评价和改进风险管理、控制和治理过程",促使内部审计更加关注风险管理和注重组织经营的长期风险。

因此,现代企业的内部审计更加侧重于以风险为导向,这意味着企业需要重点关注以下3个方面内容,如图2-7所示。

图2-7 以风险为导向审计阶段企业需要关注的重点内容

从上述内部审计概念所经历的4个阶段的发展变化来看,企业内部审计工作本身所承担的职能也在发生着转变,包括4个方面,如图2-8所示。

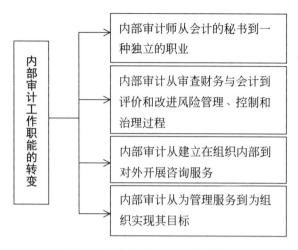

图2-8　内部审计工作职能的转变

内部审计工作的概念和涵义已经发生了巨大的变化，内部审计的职能也已实现大范围扩张，理解内部审计概念的发展变化，有利于内部审计人员对自身工作的理解和使命感的培养。

2.2　企业内部审计的职责与权限

2.2.1　企业内部审计的职责

2018年1月12日，审计署发布《审计署关于内部审计工作的规定》（审计署令第11号，以下简称《规定》），《规定》对内部审计的职责做了明确规定，并要求企业的内部审计机构或者其他相当于内部审计的机构应当按照国家有关规定履行自己的审计职责，具体内容如表2-1所列。

表2-1　企业内部审计机构的职责

序号	职责内容
1	对本单位及所属单位贯彻落实国家重大政策措施情况进行审计
2	对本单位及所属单位发展规划、战略决策、重大措施以及年度业务计划执行情况进行审计
3	对本单位及所属单位财政财务收支进行审计

续表

序号	职责内容
4	对本单位及所属单位固定资产投资项目进行审计
5	对本单位及所属单位的自然资源资产管理和生态环境保护责任的履行情况进行审计
6	对本单位及所属单位的境外机构、境外资产和境外经济活动进行审计
7	对本单位及所属单位经济管理和效益情况进行审计
8	对本单位及所属单位内控及风险管理情况进行审计
9	对本单位内部管理的领导人员履行经济责任情况进行审计
10	协助本单位主要负责人督促落实审计发现问题的整改工作
11	对本单位所属单位的内部审计工作进行指导、监督和管理
12	国家有关规定和本单位要求办理的其他事项

2.2.2 企业内部审计的权限

《规定》同时对企业内部审计机构或者其他相当于内部审计机构的权限做了明确规定，具体内容如表2-2所列。

表2-2 企业内部审计机构的权限

序号	权限内容
1	要求被审计单位按时报送发展规划、战略决策、重大措施、内控、风险管理、财政财务收支等资料（含相关电子数据），以及必要的计算机技术文档
2	参加被审计单位有关会议，召开与审计事项有关的会议
3	参与被审计单位制订有关的规章制度，提出制订内部审计规章制度的建议
4	检查有关财政财务收支、经济活动、内控、风险管理的资料、文件和现场勘察实物
5	检查有关计算机系统及其电子数据和资料
6	就审计事项中的有关问题，向有关单位和个人开展调查和询问，取得相关证明
7	对正在进行的严重违法违规、严重损失浪费行为及时向单位主要负责人报告，经同意做出临时制止决定
8	对可能转移、隐匿、篡改、毁弃会计凭证、会计账簿、会计报表以及与经济活动有关的资料，经批准，有权予以暂时封存
9	提出纠正、处理违法违规行为的意见和改进管理、提高绩效的建议
10	对违法违规和造成损失浪费的被审计单位和人员，给予通报批评或者提出追究责任的建议
11	对严格遵守财经法规、经济效益显著、贡献突出的被审计单位和个人，可以向单位党组织、董事会（或者主要负责人）提出表彰建议

2.3 我国现行审计体系

2.3.1 我国现行审计体系的构成

我国现行的审计体系包括3类,第一类国家审计,又叫政府审计;第二类注册会计师审计,又叫社会审计;第三类就是本书所要介绍的企业内部审计。我国现行审计体系的构成如图2-9所示。

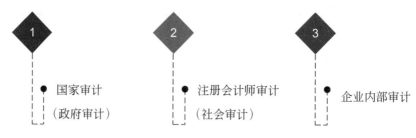

图2-9 我国现行审计体系的构成

上述3类审计同隶属于审计工作范畴,为了更好地理解,下面对每类审计的概念进行简述。

(1) 国家审计

《中华人民共和国宪法》明确规定了国家审计的概念。其中第91条规定:"国务院设立审计机关,对国务院各部门和地方各级政府的财政收支,对国家的财政金融机构和企业事业组织的财务收支,进行审计监督。审计机关在国务院总理领导下,依照法律规定独立行使审计监督权,不受其他行政机关、社会团体和个人的干涉。"

(2) 注册会计师审计

注册会计师审计指的是注册会计师依法接受委托、独立执业、有偿地为社会提供专业服务的活动。注册会计师审计的产生源自于企业管理权与所有权的分离。2018年最新修订的《中华人民共和国公司法》规定:"公司应当在每一会计年度终了时编制财务会计报告,并依法经会计师事务所审计。"注册会计师审计也是我国实行改革开放、建立和完善社会主义市场经济体制的必然要求,也是我国大力促进发展的现代服务业之一。

（3）企业内部审计

企业内部审计是针对企业内部财务、经营活动的一种审计方式，有关概念在2.1.1节已经阐述了很多，在此不再赘述。

2.3.2 企业内部审计与国家审计、注册会计师审计的关系

企业内部审计与国家审计、注册会计师审计作为我国现行审计体系的主要组成部分，虽然执行主体不一样，但相互之间有着非常密切的关系。三者相互补充，缺一不可，共同承担着监督企业行为的重任，维护着国家审计体系的权威和尊严。

（1）企业内部审计与国家审计的关系

企业内部审计与国家审计的关系表现在两个方面，第一个是监督与被监督关系，第二个是相互配合关系，具体如图2-10所示。

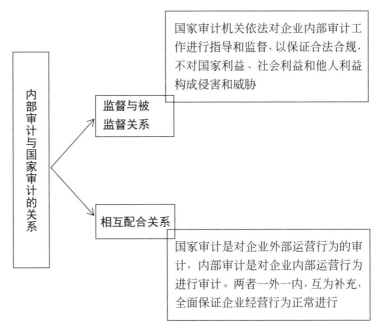

图2-10 内部审计与国家审计的关系

（2）企业内部审计与注册会计师审计的关系

企业内部审计与注册会计师审计的关系表现在两个方面，第一个是完全替代关系，第二个是补充关系，具体如图2-11所示。

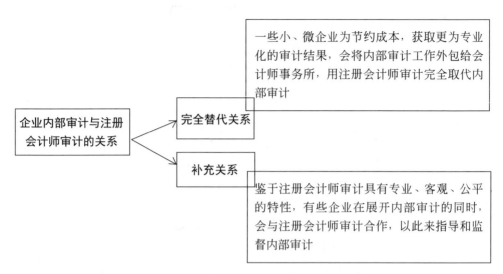

图2-11 企业内部审计与注册会计师审计的关系

2.3.3 企业内部审计与国家审计、注册会计师审计的区别

企业内部审计与国家审计、注册会计师审计之间有诸多关联,但在特征、职能、业务类型及审计准则方面还是有很多区别的。为便于理解,接下来将以两两对比的形式进行阐述,即企业内部审计与国家审计对比,企业内部审计与注册会计师审计对比。

(1) 企业内部审计与国家审计对比

1) 特征不同

国家审计区别于企业内部审计一个最明显的特征就是强制性,企业内部审计并无强制性,其审计结果不具有法律效力。

国家审计的强制性特征内容如图2-12所示。

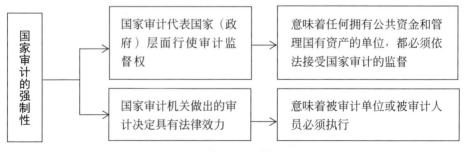

图2-12 国家审计的强制性

2）职能不同

国家审计与企业内部审计承担着不同的职能，分别如图2-13所示。

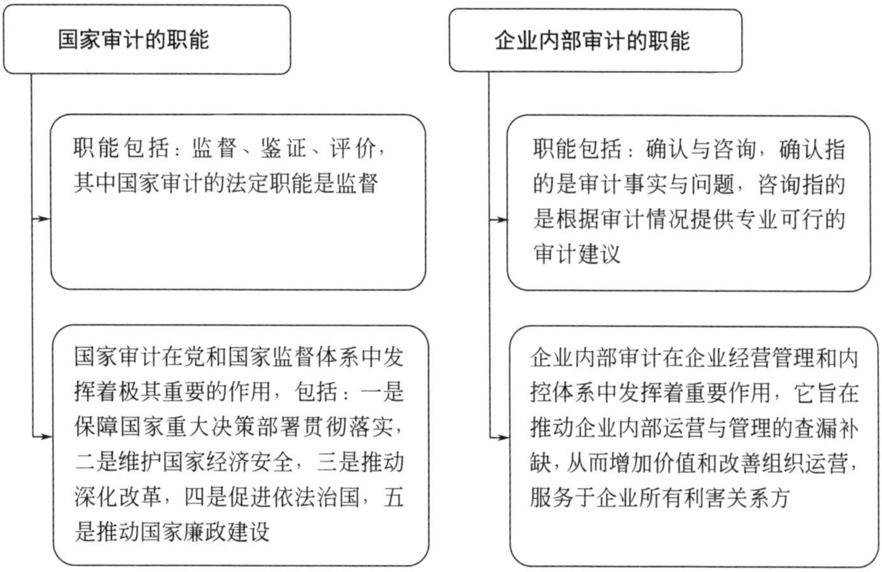

国家审计的职能

职能包括：监督、鉴证、评价，其中国家审计的法定职能是监督

国家审计在党和国家监督体系中发挥着极其重要的作用，包括：一是保障国家重大决策部署贯彻落实，二是维护国家经济安全，三是推动深化改革，四是促进依法治国，五是推动国家廉政建设

企业内部审计的职能

职能包括：确认与咨询，确认指的是审计事实与问题，咨询指的是根据审计情况提供专业可行的审计建议

企业内部审计在企业经营管理和内控体系中发挥着重要作用，它旨在推动企业内部运营与管理的查漏补缺，从而增加价值和改善组织运营，服务于企业所有利害关系方

图2-13　国家审计与企业内部审计职能的区别

3）业务类型不同

国家审计与企业内部审计的业务类型的区别具体如图2-14所示。

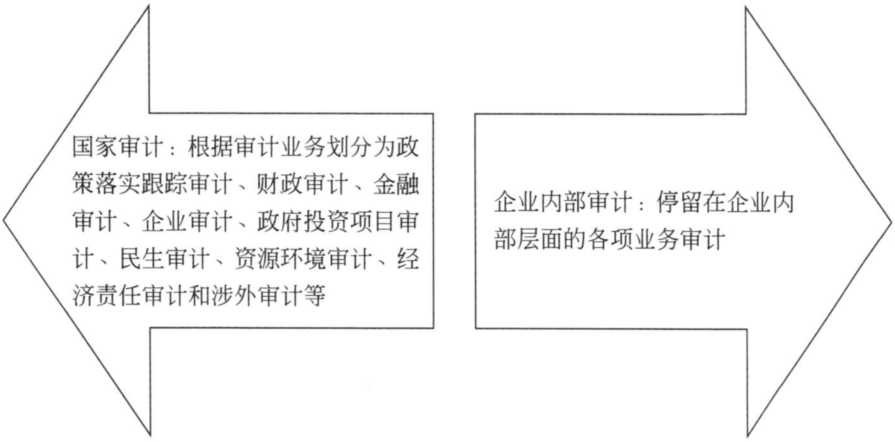

国家审计：根据审计业务划分为政策落实跟踪审计、财政审计、金融审计、企业审计、政府投资项目审计、民生审计、资源环境审计、经济责任审计和涉外审计等

企业内部审计：停留在企业内部层面的各项业务审计

图2-14　国家审计与企业内部审计业务类型的区别

4）审计准则不同

国家审计与企业内部审计的审计准则如图2-15所示。

国家审计的审计准则	企业内部审计的审计准则
•国家审计依据的审计准则主要是《中华人民共和国国家审计准则》 •国家审计法律法规体系包括：宪法、审计法和审计法实施条例、国家审计准则和审计指南等不同层级的法律法规	•内部审计依据的审计准则是中国内部审计协会发布的《内部审计准则》，包括《第1101号——内部审计基本准则》等审计准则

图2-15 国家审计与企业内部审计审计准则的区别

（2）企业内部审计与注册会计师审计对比

1）特征不同

企业内部审计与注册会计师审计特征上最大的区别就是在独立性上的范畴不同，具体如图2-16所示。

企业内部审计

> 是企业管理权的延伸，是企业的一种内部管理活动，内部审计部门与人员受所在企业的领导，因此内部审计仅具有相对的独立性，其审计报告不能作为对外报告来使用

注册会计师审计

> 具有绝对的独立性，独立于政府部门、委托企业和个人，根据与委托企业签订的业务约定书，提供有关法律法规规定的各项专业服务，其审计报告对外具有法律效力

图2-16 企业内部审计与注册会计师审计独立性范畴的区别

2）职能不同

企业内部审计与注册会计师审计具有不同的审计职能，具体如图2-17所示。

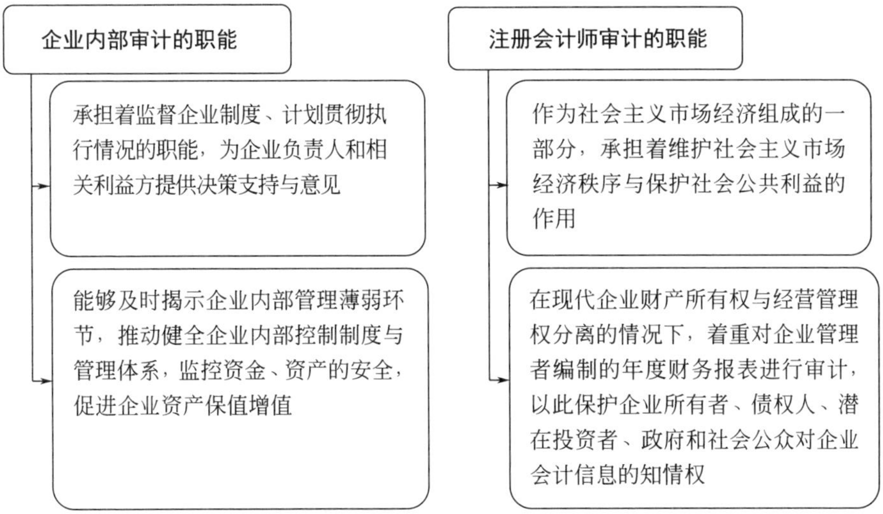

```
┌─企业内部审计的职能─┐          ┌─注册会计师审计的职能─┐

  ┌─────────────────┐            ┌─────────────────┐
  │承担着监督企业制度、│            │作为社会主义市场经济│
  │计划贯彻执行情况的职│            │组成的一部分，承担着│
  │能，为企业负责人和相│            │维护社会主义市场经济│
  │关利益方提供决策支持│            │秩序与保护社会公共利│
  │与意见            │            │益的作用          │
  └─────────────────┘            └─────────────────┘

  ┌─────────────────┐            ┌─────────────────┐
  │能够及时揭示企业内部│            │在现代企业财产所有权│
  │管理薄弱环节，推动健│            │与经营管理权分离的情│
  │全企业内部控制制度与│            │况下，着重对企业管理│
  │管理体系，监控资金、│            │者编制的年度财务报表│
  │资产的安全，促进企业│            │进行审计，以此保护企│
  │资产保值增值      │            │业所有者、债权人、潜│
  │                 │            │在投资者、政府和社会│
  │                 │            │公众对企业会计信息的│
  │                 │            │知情权            │
  └─────────────────┘            └─────────────────┘
```

图2-17　企业内部审计与注册会计师审计职能的区别

3）审计业务类型不同

企业内部审计与注册会计师审计的业务类型的区别如图2-18所示。

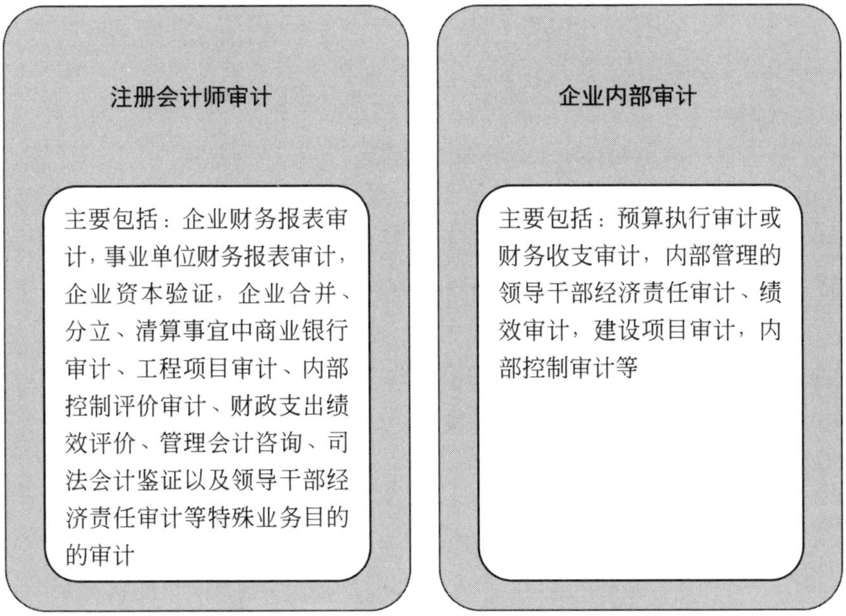

```
┌────────────────────┐    ┌────────────────────┐
│    注册会计师审计    │    │    企业内部审计      │
│                    │    │                    │
│ 主要包括：企业财务报 │    │ 主要包括：预算执行审 │
│ 表审计，事业单位财务 │    │ 计或财务收支审计，内 │
│ 报表审计，企业资本验 │    │ 部管理的领导干部经济 │
│ 证，企业合并、分立、 │    │ 责任审计、绩效审计， │
│ 清算事宜中商业银行审 │    │ 建设项目审计，内部控 │
│ 计、工程项目审计、内 │    │ 制审计等           │
│ 部控制评价审计、财政 │    │                    │
│ 支出绩效评价、管理会 │    │                    │
│ 计咨询、司法会计鉴证 │    │                    │
│ 以及领导干部经济责任 │    │                    │
│ 审计等特殊业务目的的 │    │                    │
│ 审计               │    │                    │
└────────────────────┘    └────────────────────┘
```

图2-18　注册会计师审计与企业内部审计业务类型的区别

4)审计准则不同

企业内部审计与注册会计师审计的准则的区别如图2-19所示。

企业内部审计准则	内部审计依据的审计准则是中国内部审计协会发布的《内部审计准则》,包括《第1101号——内部审计基本准则》等审计准则
注册会计师审计准则	财政部关于印发《中国注册会计师审计准则第1101号——注册会计师的总体目标和审计工作的基本要求》等审计准则

图2-19 企业内部审计与注册会计师审计审计准则的区别

2.4 企业内部审计准则

企业内部审计工作的开展需要遵循一定的准则,那么,什么是内部审计准则呢?内部审计准则指的是各类企业、各级政府机关以及其他单位的内部审计人员在开展内部审计工作(如制订审计方案、收集审计证据、填写工作底稿、撰写审计报告、出具审计意见和建议)时所应当遵循的基本行为规范。

作为一个内部审计人员,必须要熟知国家的审计准则,才能合规、高效地开展审计工作。我国在新中国成立后长达34年未设立审计机关,直到1983年才终于建立国家级审计机关,即审计署。自此,构建一套符合我国国情的国家审计准则,既是我国审计实践探索发展的主观要求,也是实践中规范各项审计行为的客观需要。

下面介绍一下我国内部审计准则的发展历史,这有助于内部审计人员理解审计准则的出发点,增加自身认同感。从历史发展上看,我国的审计准则共计经历了3个阶段,具体如图2-20所示。

图2-20 我国内部审计准则的发展过程

（1）萌芽阶段

萌芽阶段指的是从1987年至2013年间，1987年4月中国内部审计学会成立，2002年5月经民政部批准正式更名为中国内部审计协会（即China Institute of Internal Audit，简称CIIA）。中国内部审计协会是由具有一定内部审计力量的企事业单位、社会团体和从事内部审计工作的人员自愿结成的全国性、行业性、非营利性社会组织。

此阶段，我国各项内部审计工作处于起步阶段，为规范企业各项审计项目开展，中国内部审计协会于2011年11月发布5项审计指南，以指导企业开展各项具体内部审计项目，5项目审计指南如图2-21所示。

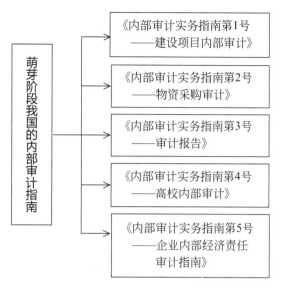

图2-21　萌芽阶段我国的内部审计指南

此时，我国内部审计用上述图中5项内部审计指南来代替，我国的内部审计准则尚处于萌芽阶段。

（2）发展阶段

2013年至2016年是我国内部审计准则的发展阶段，这一时期我国内部审计准则的体系基本构建起来。

中国内部审计协会按照通行的体例结构和准则体系要求，借鉴其他国家的惯例和通行做法，于2013年8月至9月陆续发布了包括《第1101号——内部审计基本准则》在内的22项审计规范。

2016年2月，中国内部审计协会发布了《第2205号——内部审计具体准则经济责任审计》与《第2308号内部审计具体准则——审计档案工作》，全部内部审计准则如表2-3所列。

表2-3　发展阶段的我国内部审计准则

序号	内部审计准则名称	发布时间
1	《第1101号——内部审计基本准则》	2013年8月
2	《第1201号——内部审计人员职业道德规范》	2013年8月
3	《第2101号内部审计具体准则——审计计划》	2013年8月

续表

序号	内部审计准则名称	发布时间
4	《第2102号内部审计具体准则——审计通知书》	2013年8月
5	《第2103号内部审计具体准则——审计证据》	2013年8月
6	《第2104号内部审计具体准则——审计工作底稿》	2013年8月
7	《第2105号内部审计具体准则——结果沟通》	2013年8月
8	《第2106号内部审计具体准则——审计报告》	2013年8月
9	《第2107号内部审计具体准则——后续审计》	2013年8月
10	《第2108号内部审计具体准则——审计抽样》	2013年8月
11	《第2109号内部审计具体准则——分析程序》	2013年8月
12	《第2201号内部审计具体准则——内部控制审计》	2013年8月
13	《第2202号内部审计具体准则——绩效审计》	2013年8月
14	《第2203号内部审计具体准则——信息系统审计》	2013年8月
15	《第2204号内部审计具体准则——对舞弊行为进行检查和报告》	2013年8月
16	《第2301号内部审计具体准则——内部审计机构的管理》	2013年8月
17	《第2302号内部审计具体准则——与董事会或者最高管理层的关系》	2013年8月
18	《第2303号内部审计具体准则——内部审计与外部审计的协调》	2013年8月
19	《第2304号内部审计具体准则——利用外部专家服务》	2013年9月
20	《第2305号内部审计具体准则——人际关系》	2013年9月
21	《第2306号内部审计具体准则——内部审计质量控制》	2013年9月
22	《第2307号内部审计具体准则——评价外部审计工作质量》	2013年9月
23	《第2205号内部审计具体准则——经济责任审计》	2016年2月
24	《第2308号内部审计具体准则——审计档案工作》	2016年2月

（3）完善阶段

2016年至今是我国内部审计准则的完善阶段。2019年5月，中国内部审计协会发布了《第2309号内部审计具体准则——内部审计业务外包管理》，用以规范内部审计业务外包管理行为，保证内部审计质量。第2309号准则进一步完善了我国内部审计准则体系，使我国企业获得了更好的内部审计实践方面的指导。

该准则的发布标志着我国已建立起了一套完整的、统一的内部审计准则。这套准则在体系结构和内容上都做出了重大突破和理论创新，既体现出我国的审计特色，又与国际先进的审计理论和实务标准相衔接。

2.5 企业内部审计的独立性

1947年国际内部审计师协会首次明确"内部审计"的概念时，就提出了关于内部审计独立性的内容。在此之后，即使内部多次出现修订与更新，但"独立性"的概念却一直存在。

在《审计署关于内部审计工作的规定》中内部审计的独立性也有体现，其第五条明确指出："内部审计机构和内部审计人员从事内部审计工作，应当严格遵守有关法律法规、本规定和内部审计职业规范，忠于职守，做到独立、客观、公正、保密。内部审计机构和内部审计人员不得参与可能影响独立、客观履行审计职责的工作。"

企业内部审计的独立性包括两层含义，即内部审计机构的独立性和内部审计人员的独立性，其中内部审计机构的独立性又包含三层含义。具体如图2-22所示。

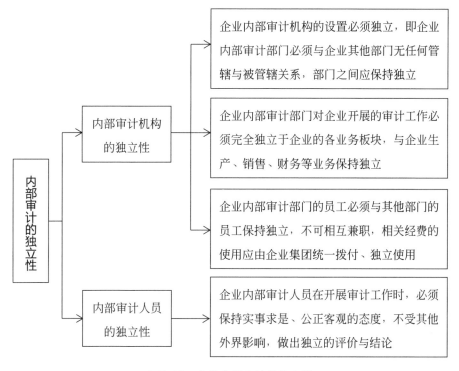

图 2-22 企业内部审计的独立性

第 3 章

企业内部审计机构设置与管理

为保持内部审计工作的独立性，企业需要专门设立一个内部审计机构，以全面负责内部审计工作的实施与管理。企业内部审计机构不是随便设置的，而需要遵循一定的原则，以保证内部审计工作效能的最大化。

3.1 企业内部审计机构的设置

3.1.1 企业内部审计机构

企业内部审计机构,又称内部审计部门,是开展本单位内部审计工作的主体。内部审计部门设置得恰当,才能保证内部审计工作的顺利实施。

(1)内部审计部门设置的原则

企业内部审计部门设置原则,包括以下3个,如图3-1所示。

独立原则

企业内部审计部门的设置应遵循独立原则,即部门的设置应在人力、财务、资源等各方面配置时保持独立,以此保证企业内部审计工作更加客观、公正地开展

权威原则

企业内部审计部门的设立应遵循权威原则,即企业应保证审计部门在企业组织架构和管理体系中处于权威地位,以此确保企业内部审计部门能够更具有权威性与信服力

效率原则

企业内部审计部门的设立应遵循效率原则,即为内部审计部门配置更加专业化、更具可操作性的大数据系统或内部数据系统,以保证企业内部审计资源的集中整合和优化配置,保证审计工作的高效进行

图3-1 内部审计部门设置的原则

(2)内部审计部门设置的模式

关于内部审计部门设置的模式,中国内部审计师协会在《第1101号——内部

审计基本准则》中明确指出："内部审计机构应当接受组织董事会或者最高管理层的领导和监督，并保持与董事会或者最高管理层及时、高效的沟通。"从上述规定可以看出，企业内部审计工作的直接领导人与最终汇报对象必须是本企业董事会或是最高管理层。

在审计实践中，企业通常会在设置内部审计部门时充分考虑股东大会、董事会、监事会之间的权责关系，常见的内部审计部门设置模式通常有以下4种，如图3-2所示。

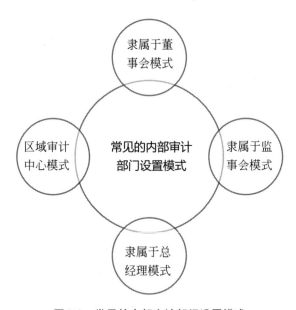

图3-2　常见的内部审计部门设置模式

1）隶属于董事会模式

在该种模式下，内部审计部门隶属于董事会，直接向董事长汇报。根据《中华人民共和国公司法》规定，董事会由股东大会选举产生。董事会的职能主要有以下2个，如图3-3所示。

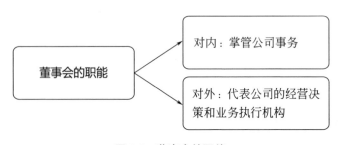

图3-3　董事会的职能

内部审计部门隶属于董事会的模式有优点也有缺点，如表3-1所列。

表3-1　隶属于董事会模式的优缺点

优点	缺点
独立性好：能够保证内部审计工作的独立性，在审计工作开展中能够对级别较高的人员如总经理等开展经济责任审计，其内部审计工作可以不受其他影响	**有效性差**：由于内部审计部门隶属于董事会，可能会造成审计意见不够"接地气"，内部审计人员可能不易理解企业一线经营管理实际困难，所提出的审计建议的可操作性和有效性较低
权威性好：内部审计部门直接向董事长汇报工作，可以更加直接、有效地与董事会沟通，有助于更加迅速地贯彻企业战略，也使得内部审计工作能够更为灵活、有效地开展	

2）隶属于监事会模式

在隶属于监事会模式下，内部审计部门隶属于监事会，直接向监事长汇报。

根据《中华人民共和国公司法》规定，监事会主要行使的职能包括3方面，如图3-4所示。

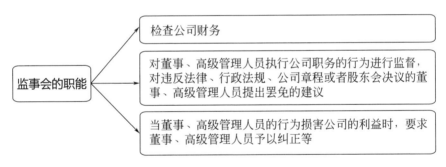

图3-4　监事会的职能

与隶属于董事会模式一样，内部审计部门隶属监事会的模式也是优缺点并存，如表3-2所列。

表3-2　隶属于监事会模式的优缺点

优点	缺点
有效性好：隶属于监事会模式下内部审计部门能够有效利用监事会的工作成果，其审计效果与审计质量较好	内部审计部门的职能可能与监事会存在部分重叠，应在制订内部审计计划与方案时避免与监事会的职责重复、明确双方的职责划分，因此这种模式下的内部审计部门权限范围会受到监事会的一定影响
权威性好：由于监事会本身就承担着对公司财务、高管层人员行为的监督职能，因此该种模式下内部审计部门能够进一步保证权威性	

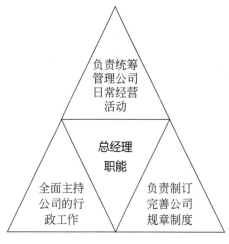

图3-5 总经理的职能

3）隶属于总经理模式

在隶属于总经理模式下，内部审计部门隶属于总经理，直接向总经理汇报。公司总经理的职能主要有3个方面，如图3-5所示。

与隶属于董事会、监事会模式一样，内部审计部门隶属于总经理的模式也有自身的优点与缺点，如表3-3所列。

表3-3 隶属于总经理模式的优缺点

优点	缺点
有效性好：内部审计部门直接向总经理汇报，有助于总经理更好地了解企业日常经营活动，有助于推动内部审计工作与日常经营管理相结合，与此同时，总经理可以根据内审计部门的审计成果与建议，更加直接地将其运用至企业各项经营管理活动中，监督整改效果	**独立性差**：由于内部审计部门受到总经理的直接领导，无法直接传达至董事会或监事会，同时也无法监督高管层，内部审计部门的独立性将受到一定影响
	权威性差：内部审计部门隶属的层级越高其权威性越好，因此内部审计部门隶属于总经理模式权威性较差

4）区域审计中心模式

对于跨地区的大型企业或集团公司还会建立一种"一部多中心"的内部审计组织模式，我们称为区域审计中心模式，其组织设置有以下4个方面要求，如表3-4所列。

表3-4 区域审计中心模式的设置要求

项目类别	设置的具体要求
组织架构	企业总部会设立内审计总部，按照区域管理原则在全国设立多个下属的内部审计中心
管辖权限	内部审计总部直管各个区域审计中心，每个审计中心按照管辖权限管理所在区域的子公司
工作机制	审计中心按照审计计划对所辖范围内子公司开展内部审计工作，每个子公司都有固定的审计中心对其进行监督
汇报路径	各个审计中心定期向内部审计部门汇报审计成果，内部审计部门则定期向总公司（集团总部）汇报

为了便于更加直观地理解，可将上述模式设置要求转化成组织架构图。如图3-6所示，给出了区域审计中心模式下一种组织架构样式的参考。

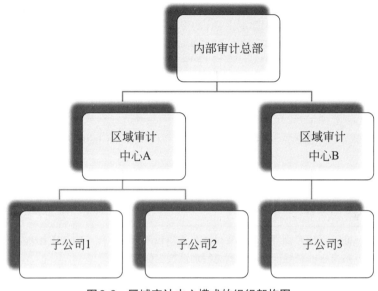

图3-6　区域审计中心模式的组织架构图

区域审计中心模式的优点非常明显，它的独立性、权威性和有效性较其他3种模式更好，如表3-5所列。

表3-5　区域审计中心模式的优点

优点	具体内容
独立性好	内部审计部门直接隶属于集团总部，其独立性较好
权威性好	内部审计部门直接隶属于集团总部，通常是向董事会或是监事会汇报工作，在组织架构中权限较高，其权威性较好
有效性好	内部审计部门能够在保证独立性和权威性的前提下，更好地、更为有效地搜集审计素材、提出审计建议，同时内部审计部门与被审计单位之间的沟通更加畅通，信息传递时滞将大大减少

（3）不设立内部审计部门

小微企业、民营企业融资难、融资贵问题已经成为社会共识，因此，这些企业按规定可以不设立内部审计部门，原因如图3-7所示。

在不设立内部审计部门的情况下，小微民营企业如有审计需求时，可以采取2种方式，如图3-8所示。

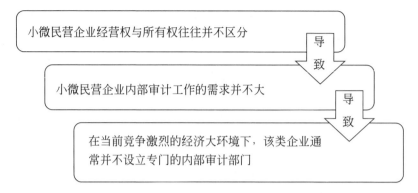

图3-7 小微民营企业不设立内部审计部门的原因

设置专职内部审计人员

- 企业安排个别专职内部审计人员负责日常审计工作,内部审计人员直接由总经理管理,向总经理汇报工作
- 由于小微民营企业所有权与经营权通常不分离,故此类企业无需对总经理开展内部审计,即其对内部审计独立性的影响就会较小
- 设置专职内部审计人员开展审计工作能够帮助企业节约审计成本

委托外部会计事务所开展内部审计工作

- 企业可以根据实际情况选择将内部审计工作完全或部分外包给会计事务所,这种模式下规模较小且无专职内部审计人员的企业能够较大程度地保证审计的独立性
- 由于会计事务所的审计人员具备较强专业素质,其提出的审计建议较为专业,对于小微企业而言这是一种"性价比"较高的模式

图3-8 小微民营企业开展内部审计工作的建议方式

总而言之,企业在设立内部审计部门时,应充分考虑企业现在的经营情况、组织架构与管理体系,结合独立原则、权威原则和效率原则,选择适合自己的内部审计部门模式,以此促进企业良性、可持续地发展。

3.1.2 审计人员招聘与优化配置

关于审计人员的标准,审计署在关于《审计署2008至2012年人才队伍建设规划》中，曾明确指出按照一专多能的原则，培养既熟悉审计业务，又了解和掌握法律、工程造价、环境保护、计算机等方面知识、技能的复合型审计人才。

企业在招聘与优化配置内部审计人员时，应充分考虑到内部审计人员的数量、专业架构、年龄结构以及招聘途径4个方面。

（1）内部审计人员的数量

企业应考虑内部审计人员的数量，原因如图3-9所示。

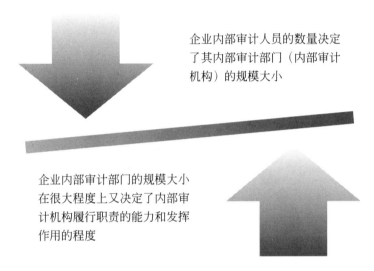

图3-9 内部审计人员数量与审计部门的关系

在内部审计实践中，企业配置内部审计人员的多少应考虑以下3个方面因素，如图3-10所示。

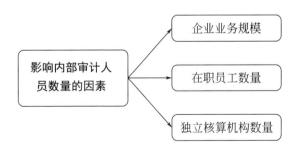

图3-10 影响内部审计人员数量的因素

通常来说，企业业务规模越大、在职员工数量越多、独立核算机构数量越多，则需要更多的内部审计人员来开展审计工作。

但在实践中，对于大多数企业而言，并无专门的法律法规或是制度办法规定其内部审计人员的数量下限，不过对于风险较大的金融行业，国家则规定了其审计人员的数量下限。

例如，在商业银行中内部审计人员不得少于员工总数的1%，《商业银行内部审计指引》第十四条规定"商业银行应配备充足的内部审计人员，原则上不得少于员工总数的1%"。再例如，保险机构也有明文规定，《保险机构内部审计工作规范》（保监发〔2015〕113号）第二十一条规定"保险机构应配备足够数量的内部审计人员。专职内部审计人员数量原则上应不低于保险机构员工人数的5‰，且配备专职内部审计人员不少于三名"。

（2）内部审计人员的专业架构

企业在招聘内部审计人员时，应充分考虑员工的专业架构。内部审计人员的专业架构包括但不限于以下7个方面，如图3-11所示。

图3-11　内部审计人员的专业架构

关于内部审计人员的录用标准，审计署也有相关规定。例如在《审计署关于内部审计工作的规定》中，第七条规定："内部审计人员应当具备从事审计工作所需要的专业能力。单位应当严格内部审计人员录用标准，支持和保障内部审计机构通过多种途径开展继续教育，提高内部审计人员的职业胜任能力。内部审计机构负责人应当具备审计、会计、经济、法律或者管理等工作背景。"

由于审计是一项专业性很强的工作，内部审计人员的知识架构与专业素质对工作的开展而言至关重要。这种重要性主要表现在2个方面，具体如图3-12所示。

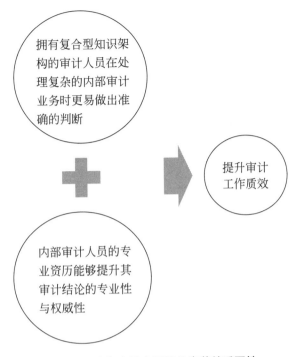

图3-12 内部审计人员职业素养的重要性

总而言之，企业内部审计人员具有复合型知识架构和专业的经验资历能够促进企业内部审计工作更好地开展。

（3）内部审计人员的年龄结构

由于内部审计工作专业化程度高，工作强度较大，因此，企业在招聘与配置内部审计人员时应充分考虑到人员的年龄结构。相对而言，老员工经验丰富、资历较深，年轻员工学习能力和创新能力均较强。企业在配置审计人员时应对老员工与年轻员工合理分配，具体分配原则如图3-13所示。

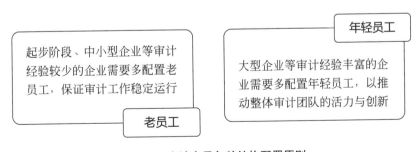

图3-13 审计人员年龄结构配置原则

企业应结合两者的优点，推动企业内部审计工作效率最大化提升。

（4）内部审计人员的招聘途径

内部审计人员招聘来源通常可分为外部招聘与内部招聘2类，如图3-14所示。

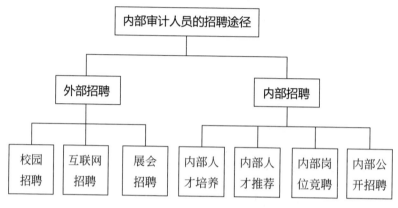

图3-14　内部审计人员的招聘途径

外部招聘指的是企业根据需要从外部招聘合适的人才，以补充自身的内部审计人力资源，根据招聘平台又可细分为：校园招聘、互联网招聘、展会招聘等。

1）校园招聘

校园招聘指企业与学校联系合作，在校内设立企业招聘会或直接联系学校进行推荐，直接从学校招聘应届毕业生来培养和储备审计人力资源。

2）互联网招聘

互联网招聘指企业在各类线上招聘平台发布人才招聘需求进行人才招聘。

3）展会招聘

展会招聘指企业与人才招聘市场等线下平台合作，利用人才招聘展会进行人才需求发布和招聘。

内部招聘指的是企业内部有针对性地从其他岗位招纳审计、财会、工程等多专业内部审计辅助人才，根据招聘方式又可细分为：内部人才培养、内部人才推荐、内部岗位竞聘、内部公开招聘。

1）内部人才培养

内部人才培养指根据目标岗位确定合适的培养对象后，在内部通过轮岗、培训、"老带新"等方式进行内部培养，使得培养对象的专业技术达到目标岗位的要求。

2）内部人才推荐

内部人才推荐指根据目标岗位的职责要求征询企业内部管理层或是内部专家的意见，由他们进行合适人才的推荐。

3）内部岗位竞聘

内部岗位竞聘指人力资源部门在企业内部公开发布竞聘信息，明确目标岗位要求，由员工自主或是推荐报名，最终通过竞聘演讲等形式由企业管理层确定合适者。

4）内部公开招聘

内部公开招聘指人力资源部门在企业内部公开发布招聘信息，明确目标岗位要求，由员工自主报名，最终通过笔试、面试等形式由企业人力资源部和审计部门共同确定合适者。

需要说明的是，企业在内部人员的选拔中还应特别注重能力的考核，确定其是否适合这项工作。同时，由于内部审计部门需要保持一定的独立性，企业应根据内部审计部门的实际要求进行内审人员的招聘，即提升企业内部审计部门对内部审计人才的自主招聘权，反过来，这也是保持企业内部审计机构独立的一个重要保障。

3.1.3 内部审计人员的职业道德规范

2013年8月，中国内部审计协会发布《第1201号——内部审计人员职业道德规范》，该条内部审计准则主要规范了内部审计人员需要秉承的职业道德规范，包括4个方面，如图3-15所示。

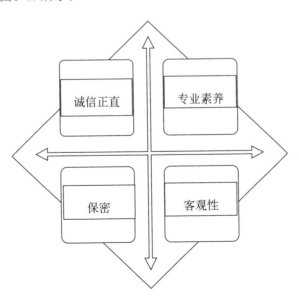

图3-15 内审计人员职业道德规范的4个方面

对于企业而言，内审人员职业道德是非常重要的。一个具有良好职业道德的员工不但有利于提升工作绩效，还可大大降低工作风险。

(1) 诚信正直

诚信正直是审计人员职业道德的一个主要内容，讲诚信有利于提升审计报告的真实性与可靠性，从而大大提升工作绩效。同时，内部审计工作质量的提升亦可以使企业其他部门的绩效提升，如人力资源、财务等，以保障整个企业各个部门更好地发挥各自职能，从而形成良性循环。

职业道德高的内部审计人员，在开展内部审计工作时可更大限度地保持客观公正、诚实守信，能够及时发现更多企业管理方面存在的潜在问题，以保证企业管理层可以在最短时间内了解问题并落实相关纠正与改进措施，从而降低企业的运营风险，提升企业管理水平。

作为一名内部审计人员必须要持续提升自身职业道德，在内部审计工作中坚持客观与独立性、严守内部审计信息不外泄，否则不仅会被企业、被市场淘汰，甚至可能招致牢狱之灾。

(2) 专业素养

在目前经济发展迅猛、市场竞争日益激烈的外部环境下，企业内部审计人员应持续提升专业胜任能力，只有拥有过硬的专业素养才能更加好地助推企业内部审计工作。

审计人员的专业素养主要包括2个方面，如图3-16所示。

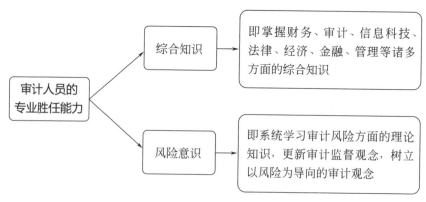

图3-16　内部审计人员的专业胜任能力

很多企业都存在内部审计人才储备不足的问题，对于内部审计工作的重视程度不够，而且很多企业在配备内部审计人员时可能会从别的岗位简单转岗过来。

如果审计人员是直接从财务岗或是业务岗转岗过来的，其本身并不具备专业、扎实的内部审计知识，那么企业就应通过各类培训、资质教育、交流学习等方式持续提升审计人员的专业素质水平，强化职业道德意识，保证审计人员出具审计意见的正确性与专业性。

（3）客观性

如上文所述，我国部分企业内部审计人员是由财务人员兼任或转岗而来，迫于企业内部的社交关系或是上级领导的行政干预，可能导致内部审计人员在执业时难以保证客观公正的态度，对于发现的问题出现隐瞒不报的情况，甚至出具虚假审计报告。

例如，某集团下属公司曾爆出财务丑闻，公司内部财务人员通过虚报费用等手段制作假账、进行上百次资金转移，非法截留了高达数亿元人民币的资金，如此巨额的资金问题反映出该公司内部审计环节的薄弱，因为该公司涉案人员既是其财务部门负责人，同时也是该公司的内部审计部门负责人。

作为一名企业内部审计人员，必须时刻坚持内部审计工作的独立性，这将在非常大的程度上影响着内部审计工作的客观性。

（4）保密

在内部审计工作开展过程中，内部审计人员应对内部审计信息严格保密，保密措施如图3-17所示。

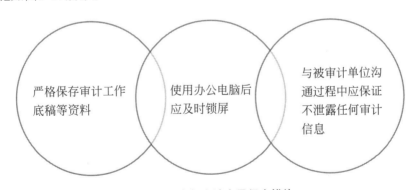

图3-17　内部审计人员保密措施

虽然上述这些事情看似简单，但在实践中违背保密措施的情况却时有发生，多数由于内部审计人员疏忽大意，少部分则是内部审计人员恶意为之，从而谋取私利。

内部审计人员如果故意泄露重要审计信息、谋取不当经济利益，将严重损害被审计单位的合法权益,同时加大了审计风险。同时,该员工也将一直背着这个职业污点,职业生涯可能就此葬送。因此,作为一名审计人员,应时刻牢记严守审计信息不外泄,不可被蝇头小利蒙蔽双眼。

3.2 企业内部审计管理

3.2.1 工作内容

企业内部审计工作的内容,是指一个企业中依照国家政策法规、内部审计准则和内部规章制度等的规定,需要被审计的特定对象。从对象的类型来看,可分为3个内容,如图3-18所示。

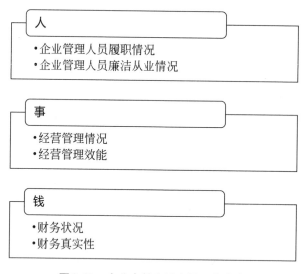

图3-18 企业内部审计主要工作内容

3.2.2 工作程序规范

企业内部审计工作的开展需要严格遵循一定的程序,按照步骤踏踏实实地去做。企业内部审计工作流程主要包含9个步骤,如图3-19所示。

制订年度内部审计计划
立项
启动审计
获取审计证据
分析性程序及审计测试
编制审计工作底稿
沟通与确认
撰写审计报告
跟踪审计

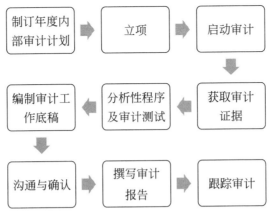

图3-19 企业内部审计工作的流程

3.2.3 工作管理

由于内部审计工作内容通常较为繁杂，审计资料的载体和相应的审计程序各不相同，企业必须要重视内部审计工作内容的管理。只有加强内部审计工作内容管理，才能降低因工作流程管理不善而引发审计风险的可能性，提高企业内部审计工作的效率。

那么企业具体如何进行内部审计工作内容的管理？企业对内部审计工作内容的管理主要包括3个方面，如图3-20所示。

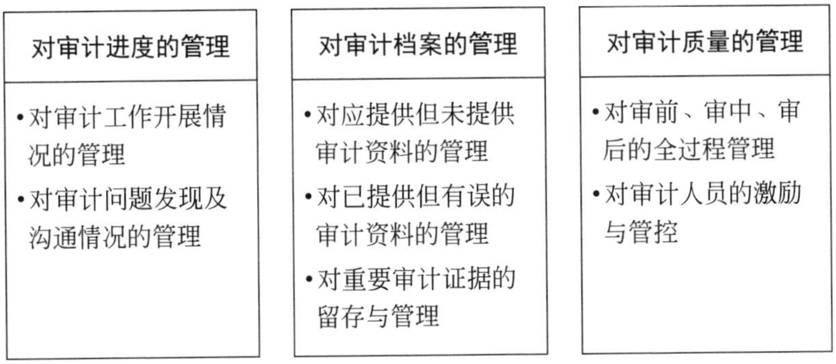

对审计进度的管理
•对审计工作开展情况的管理
•对审计问题发现及沟通情况的管理
对审计档案的管理
•对应提供但未提供审计资料的管理
•对已提供但有误的审计资料的管理
•对重要审计证据的留存与管理
对审计质量的管理
•对审前、审中、审后的全过程管理
•对审计人员的激励与管控

图3-20 企业内部审计工作内容管理

第4章

企业内部审计工作方法与流程

　　企业内部审计工作内容繁杂、步骤众多，因此审计工作必须有一套科学、合理的方法和流程，便于实现工作的流程化，降低审计风险、提高审计质效。在介绍完企业内部审计基础知识、机构设置方面等内容后，本章将重点介绍审计工作的方法与流程。

4.1 第一步：制订年度内部审计计划

4.1.1 制订年度内部审计计划的原因

企业的内部审计资源是有限的，每年开展的内部审计项目很难实现对企业的全覆盖，因此企业内部审计部门需要结合企业的业务发展、经营管理、战略规划导向、审计资源配置等实际情况确定每一年需要进行的内部审计项目、内部审计部门工作开展情况以便于向企业高层汇报，最终实现企业资源的合理配置。可以说，年度内部审计计划是指导企业内部审计部门在该年度内开展各项审计项目的"指挥棒"。

综上所述，编制年度内部审计计划是非常必要的，原因具体有3个方面，如图4-1所示。

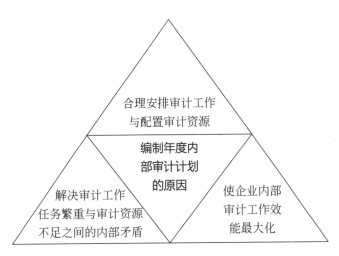

图4-1 编制年度内部审计计划的原因

4.1.2 年度内部审计计划的内容

关于年度内部审计计划的内容，中国内部审计协会发布的内部审计准则已有相关的规定。《第2101号内部审计具体准则——审计计划》指出："年度审计计划应当包括下列基本内容：年度审计工作目标、具体审计项目及实施时间、各审计项目需要的审计资源、后续审计安排。"

下面就来逐一介绍年度审计计划的各个项目。

（1）年度审计工作目标

年度审计工作目标与企业的年度工作目标息息相关，在审计实践中，企业确定年度审计工作目标通常通过以下2种方式，如图4-2所示。

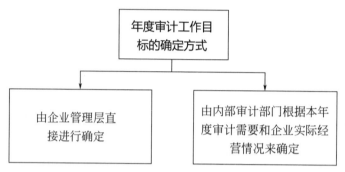

图4-2　年度审计工作目标的确定方式

这里需要说明的是，内部审计部门确定审计工作目标后通常需要上报企业管理层，经管理层审批通过后最终确定。

上述两种确定年度审计工作目标的方式与企业组织架构、权利层级设置模式有关，并无统一标准。

（2）具体审计项目及实施时间

1）具体审计项目

年度内部审计计划的重点内容就是该年度计划开展的具体审计项目，内部审计部门应结合以下2个因素确定年度审计项目，如图4-3所示。

图4-3　确定年度审计项目的因素

对于内部审计项目类型、项目数量并无统一标准，各企业内部审计部门均可自行制订，最终需上报企业管理层批准。

此外，值得注意的是，有些企业内部审计部门会根据以往年度内部审计结果在当年度开展跟踪审计，查看以往检查问题是否已妥善整改，各内部审计部门在制订年度内部审计计划时可以适当考虑。

2）实施时间

在确定该年度准备开展的内部审计具体项目后，内部审计部门需要确定各项目的实施时间。

当然，在实践中，制订年度内部审计计划时往往只能大致框定各项目的实施时间范围。例如，20××年，A公司决定开展财务审计，具体实施时间计划为20××年3月至5月，后续可根据该项目及前一个项目的实际开展进度情况予以调整。

这里需要提示的是，一些企业由于年初年末涉及重要的跨年度事项，如年初的销售冲刺、年末的年度结算等，应尽量不安排内部审计事宜，如图4-4所示。

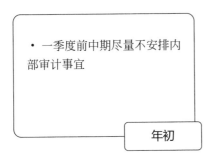

图4-4　年初、年末审计安排注意事项

（3）各审计项目需要的审计资源

审计资源按照资源类型可分为人力资源、物力资源、财力资源3类，如图4-5所示。

```
人力资源
  即审计项目组的人员安排，涉及审计人员人数、职位、
  项目小组等资源

物力资源
  即非现场审计时可能使用的各类数据系统、非现场审计
  系统、审计系统等，以及现场审计时需要被审计单位予
  以安排提供的各类办公用品、日常用品等资源

财力资源
  即为推进该审计项目企业需要消耗的资金，如审计人员
  现场审计需要的交通、食宿等费用
```

图4-5　审计资源

（4）后续审计安排

后续审计安排包含2层含义，如图4-6所示。

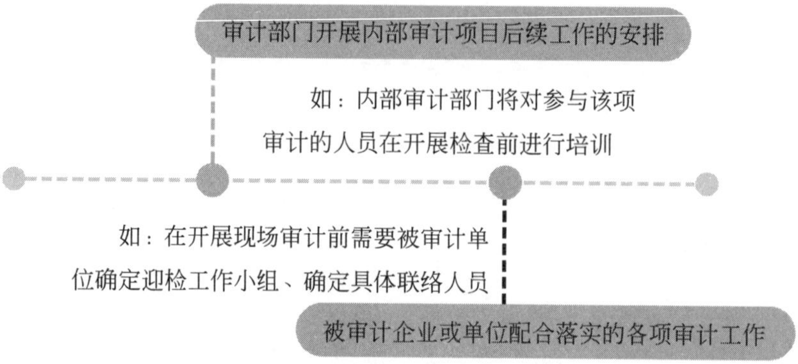

- 审计部门开展内部审计项目后续工作的安排
  - 如：内部审计部门将对参与该项审计的人员在开展检查前进行培训
- 被审计企业或单位配合落实的各项审计工作
  - 如：在开展现场审计前需要被审计单位确定迎检工作小组、确定具体联络人员

图4-6　后续审计安排的含义

4.1.3　年度内部审计计划的制订依据

年度内部审计计划的重点部分就是确定当年度要开展的内部审计具体项目，企业内部审计在制订计划方面与注册会计师审计存在较大差异，如图4-7所示。

企业内部审计

企业内部审计部门往往具有选择审计内容的自主选择权利，因此每一年度内部审计部门确定要开展的审计项目就成了内部审计工作的一个重要环节，它决定了这一年内部审计工作的重点与目标

注册会计师审计

审计项目完全取决于客户的需要，客户委托什么项目，他们就审计什么项目

图4-7　企业内部审计与注册会计师审计制订审计计划的差异

因此在实践中，企业内部审计部门往往由于自主性大、企业业务繁杂、流程与环节众多，而难以确定内部审计项目，通常可根据对以下3个方面因素的考量确立内部审计项目的范围，从而制订年度内部审计计划。

(1) 根据企业管理层的需求确立

企业内部审计部门可以根据管理层需求确立内部审计计划，流程如图 4-8 所示。

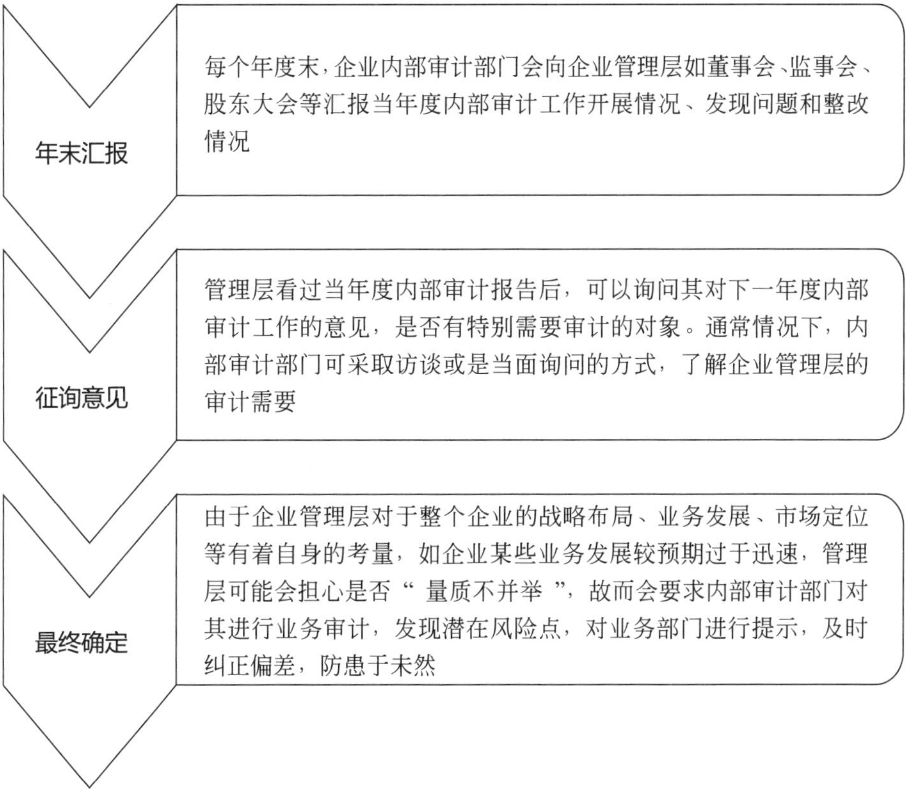

年末汇报：每个年度末，企业内部审计部门会向企业管理层如董事会、监事会、股东大会等汇报当年度内部审计工作开展情况、发现问题和整改情况

征询意见：管理层看过当年度内部审计报告后，可以询问其对下一年度内部审计工作的意见，是否有特别需要审计的对象。通常情况下，内部审计部门可采取访谈或是当面询问的方式，了解企业管理层的审计需要

最终确定：由于企业管理层对于整个企业的战略布局、业务发展、市场定位等有着自身的考量，如企业某些业务发展较预期过于迅速，管理层可能会担心是否"量质不并举"，故而会要求内部审计部门对其进行业务审计，发现潜在风险点，对业务部门进行提示，及时纠正偏差，防患于未然

图 4-8 根据企业管理层的需求确立审计计划的流程

(2) 根据被审计单位的需求确立

在实践中，内部审计部门有时也会征求被审计单位的意见，确定年度内部审计计划，下面举一个案例。

> **案例 1**
>
> 某集团下属公司希望了解本公司内部财务状况，集团内部审计部门则可根据该公司要求，将该公司财务审计纳入立项范围，以此协助该公司了解过去年度财务状况的真实性与内控合规性等，促进公司良性、可持续发展。通常情况下，内部审计部门可发送被审计单位调查问卷或是采取与负责人面谈的方式，了解被审计单位的审计需要。

（3）根据企业实际经营管理状况确立

除了上述两方面因素外，企业内部审计部门还应独立地、持续地对企业实际经营与管理状况进行分析，判断哪些业务、板块、领域应纳入当年度内部审计的立项范围，通常会考虑3个方面因素，如图4-9所示。

图4-9　根据企业实际经营管理状况确立审计计划的要素

但在实际操作中，可能存在以下3个方面问题，造成内部审计部门当年度立项范围不够准确，如图4-10所示。

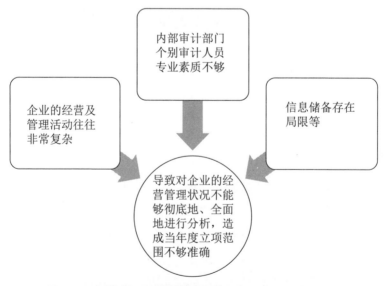

图4-10　根据企业实际经营管理状况确立审计计划的问题

为了避免这一情况发生，企业内部审计部门可以通过以下流程确定审计计划，如图4-11所示。

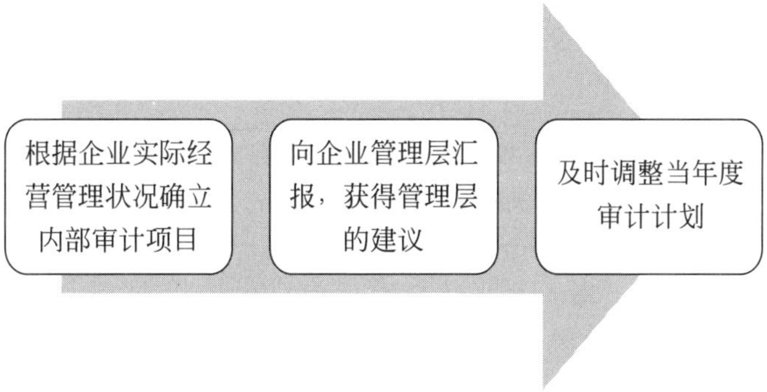

根据企业实际经营管理状况确立内部审计项目 → 向企业管理层汇报，获得管理层的建议 → 及时调整当年度审计计划

图4-11　根据企业实际经营管理状况确立审计计划的流程

4.1.4　年度内部审计计划的格式

年度内部审计计划其实并无统一格式，通常情况下可采用文字报告形式、表格形式或是两者结合的形式，只要体现出4.1.2小节中各部分内容即可，表格形式如表4-1所列。

表4-1　年度内部审计计划

序号	内部审计项目名称	被审计单位（部门）	审计时间	审计资源	其他安排	审计目标	备注
1							
2							
3							
4							
……							

可见，只要将年度内部审计计划的各相关要素内容较好地传达出来就是一份合理、有效的年度内部审计计划，其依托的格式与企业管理层的领导风格或是企业内部管理规章制度要求有关，内部审计部门可根据实际情况调整。

4.1.5　编制年度内部审计计划的流程

每家企业在编制年度内部审计计划时，流程不尽相同，内部审计部门可根据企业内部制度与管理需要自行调整。下面以最为常见的流程为例，进行概括性阐述，如图4-12所示。

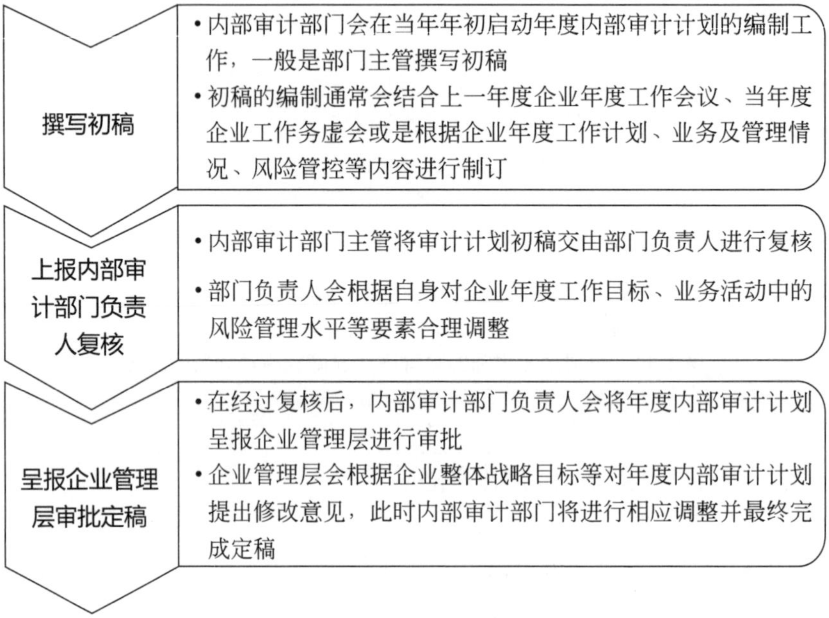

撰写初稿
- 内部审计部门会在当年年初启动年度内部审计计划的编制工作，一般是部门主管撰写初稿
- 初稿的编制通常会结合上一年度企业年度工作会议、当年度企业工作务虚会或是根据企业年度工作计划、业务及管理情况、风险管控等内容进行制订

上报内部审计部门负责人复核
- 内部审计部门主管将审计计划初稿交由部门负责人进行复核
- 部门负责人会根据自身对企业年度工作目标、业务活动中的风险管理水平等要素合理调整

呈报企业管理层审批定稿
- 在经过复核后，内部审计部门负责人会将年度内部审计计划呈报企业管理层进行审批
- 企业管理层会根据企业整体战略目标等对年度内部审计计划提出修改意见，此时内部审计部门将进行相应调整并最终完成定稿

图4-12　内部审计计划编制流程

经企业管理层审批后，年度内部审计计划将会定稿。一般情况下，将由内部审计部门在企业办公网络上以红头文件形式进行发文，以更为正式地在企业内部进行公告，同时接受各方的监督，具体样式如图4-13所示。

关于发布202×年度内部审计计划的通知
××公司〔202×〕1号

各子公司、各部门：

根据《××公司审计条例》规定和董事长要求，同时为进一步促进各单位内控规范管理，充分发挥审计工作的预防、监督和服务职能，我部制订了 202× 年年度内部审计计划，该计划已经被董事会签批，详见附件。各具体审计项目开展日期以我部后续发文为准，届时请各有关单位积极配合审计工作，提供必要的工作条件，谢谢配合！

联系人：
联系电话：
附件：202×年度内部审计计划.xls

审计部
202×年×月××日

图4-13　内部审计计划公文通知样式

4.2 第二步:立项与授权

4.2.1 审计立项

所谓立项指的就是正式确立要开展的审计项目。

在制订年度内部审计计划后、正式开展各个内部审计项目之前,需要向企业管理层正式呈报进行立项审批,并正式向被审计单位发送审计通知书。

正所谓"计划赶不上变化",虽然已正式发布年度内部审计计划,但可能由于企业管理层意愿导向变化、企业发生重大风险事件等,各个内部审计项目将会随之发生调整。

因此,审计立项就是介于编制年度内部审计计划与正式开展审计之间的一个重要环节。

立项时需要正式确定以下4个要素,如图4-14所示。

图4-14 审计立项4个要素

(1) 项目类型

内部审计部门在立项时,必须要明确内部审计项目的类型,贴合审计项目实际,以免造成歧义,影响后续审计项目开展。内部审计项目类型按照审计覆盖范围、审计对象可以分为以下多个类型,如图4-15所示。

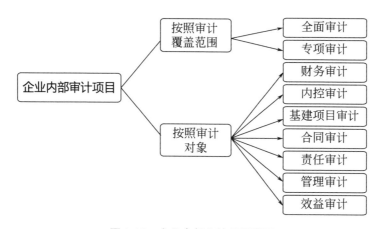

图4-15 企业内部审计项目类型

（2）项目名称

确立项目名称是立项的重要一环，相当于给审计立项确立范围，确立项目类型的收尾环节。项目名称切记不可随意而为，否则易给他人造成误解，影响内部审计工作的开展。下面给出案例以供参考。

> **案例2**
>
> S集团下设A、B两家子公司，去年A公司的Z产品增量迅猛，远超年初业务发展规划指标，为查看业务大增现象背后是否隐藏潜在操作风险或是道德风险，集团内部审计部门想对其进行专项审计，但由于在立项时把该项目命名为"A公司全面审计"，导致该名称与项目后续实际开展时存在偏差。实际上，该项目命名为"A公司Z产品专项审计"即可。

（3）项目编号

内部审计部门按照企业内部制度规范对内部审计项目进行编号。一般来说，企业内部审计项目编号通常按照以下4个标准编制，如图4-16所示。

企业内部审计项目编号			
年份	地区	被审计单位名称	项目名称

图4-16　企业内部审计项目编号制订标准

例如，某企业内部审计部门对下设S市A公司开展财务审计，确定该项目编号为"20××年-S-A公司-财务专项审计"。

（4）其他附件

立项时，内部审计部门需要初步框定具体被审计部门与审计范围，同时初步确定审计方案、审计程序、审计组等，这些材料将用于后续的立项审批，当然在实际开展具体审计项目时可随时调整。

4.2.2 审计批准与授权

企业对每一个内部审计项目都应该进行生命周期管理。这种管理是非常重要的，可使企业管理层对审计项目从立项、启动、审批、运作、报告到跟踪等环节实现全流程管理；可使企业管理层及时了解内部审计各项目进度、审计意见以及后续落实情况；强化企业内部管理与考核。

而企业实现内部审计项目生命周期管理，其中重要的一环就是建立并实施内部审计项目立项审批制度。建立企业内部审计项目立项审批制度能够帮助企业管理层从准入环节上实现对内部审计项目严格把关。

（1）立项后需要编制的文件

在立项完成后，内部审计部门需要编制以下6个文件，并上报企业管理层审核，如图4-17所示。

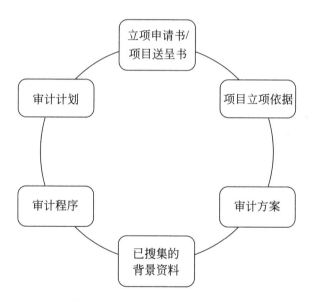

图4-17 立项后需要编制的文件

需要注意的是审计程序、审计计划、审计方案均建立在内部审计部门初步材料收集的基础上，后续在正式开展审计工作时可以随时调整。

（2）立项申请书或项目送呈书的制订

1）制订需要确立的要素

制订立项申请书或项目送呈书需要确立以下5个要素，如图4-18所示。

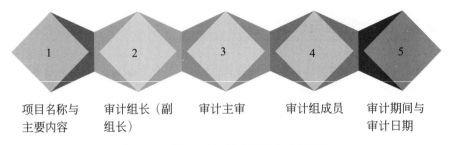

图4-18 制订立项申请书需要确立的要素

2)立项申请书和项目送呈书模板

内部审计部门制订的立项申请书或项目送呈书本质并无区别,如表4-2、表4-3所示。

表4-2 审计立项申请书模板

申请日期:　　　　　　　　　　　　　　　　　项目编号:

立项名称			
项目内容			
经办人		复核人	
审批意见及日期			
董事长审批意见			签字: 　　年　月　日

表4-3 审计项目送呈书模板

审计项目名称		项目编号	
审计项目内容			
审计项目主审		(签字)	
部门负责人意见			签字: 　　年　月　日
总经理意见			签字: 　　年　月　日

（3）审批的流程内容与授权

在制订好立项申请书或项目送呈书后，内部审计部门应按照一定的审批流程上报相关人员进行审批。

1）审批流程

通常情况下，审批流程如图4-19所示。

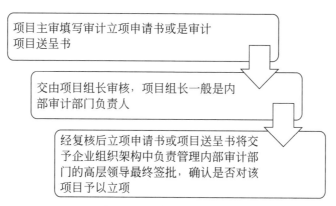

图4-19　审计项目审批流程

2）审批内容

通常情况下，立项审批时应至少关注以下10项内容，如表4-4所列。

表4-4　立项审批关注内容

序号	立项审批关注内容
1	内部审计立项依据是否充分，是否具有必要性
2	内部审计立项的背景，包括但不限于结合目前企业业务状况、风险隐患点等背景问题，进而提出的审计需求
3	内部审计项目成立的目的，包括但不限于：该项目致力于达成的目标是否合理、是否详细具体、是否可实现并且可以衡量与评价，立项目的是否存在空洞、不可衡量和评价的情况
4	内部审计目标和内容是否符合企业战略规划、业务部署及审计工作导向
5	内部审计方案是否完善，包括审计方式、审计范围（即本次审计涉及的业务领域、组织范围等）、审计期间（即本次审计针对的业务有效时间范围）、审计实施时间、审计组成员情况、本次审计涉及的部门组织等
6	本次审计的资源投入比例是否合理，企业后续是否能够得到满足
7	本次审计项目占内部审计人员日常工作量的比例，可执行性是否足够
8	本次审计项目各个审计阶段的安排是否合理、恰当
9	审计程序是否已制订完毕，是否通过可行性研究
10	其他需要关注的审批事项

内部审计项目经立项批准后,方可由内部审计部门下达审计通知书实施内部审计。

3)审批授权

企业需要建立合理的内部审计项目授权制度,明确各个审批环节有签字权的负责人,以规范内部审计项目的审批流程。合理的内部审计项目授权制度及流程管理能够帮助企业内部审计部门快速推进立项及后续工作,降低企业工作时滞,最大化提高企业运作效率。

通常情况下,最简化的企业内部审计项目立项审批授权包括3个层级,如图4-20所示。

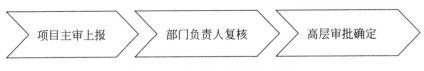

图4-20 基本审计授权审批流程

上图是最简易的一类内部审计立项审批流程与授权层级,企业可以根据自身内控与组织架构实际情况(可结合3.1.1企业内部审计机构),制订符合企业自身的内部审计立项授权审批体系。

企业可根据内部审计部门隶属于董事会/监事会/总经理模式的不同,将企业管理层角色分别设定为董事会/监事会/总经理。

在实际操作中,如果企业规模较大,其内部审计部门设置为区域审计中心模式,则可以在上述基本审计授权审批流程基础上增设集团上层的授权审批人,如图4-21所示。

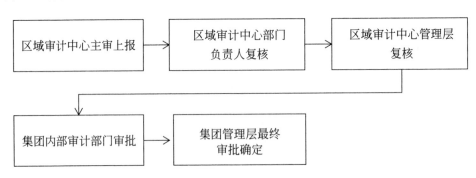

图4-21 区域审计中心模式下的审计授权审批流程

总而言之,一套合理的内部审计立项授权审批流程能够帮助企业快速、高效地开展内部审计项目,达到事半功倍。

4.3 第三步：启动审计工作

4.3.1 确定具体审计目标和审计范围

在立项时，企业内部审计部门已确立过初步的审计目标与审计范围，而在正式启动审计工作时，企业内部审计部门则需正式确立各项目的具体审计目标与审计范围。

各个内部审计项目的具体审计目标与审计范围需经部门内部复核、企业管理层审批后及时调整。

（1）确定内部审计项目的具体审计目标

1）具体目标和最终目标的关系

中国内部审计协会颁布的《第1101号——内部审计基本准则》指出："内部审计，是一种独立、客观的确认和咨询活动，它通过运用系统、规范的方法，审查和评价组织的业务活动、内部控制和风险管理的适当性和有效性，以促进组织完善治理、增加价值和实现目标。"

从上述内部审计的概念可以看出，企业内部审计最终的目标是"促进组织完善治理、增加价值和实现目标"。而在开展具体内部审计项目时，需要确立各个内部审计项目的具体目标，同时在后续结合管理层等各方意见持续修订审计目标，这也可以称为本次审计项目的直接目标。审计项目的具体目标对于实现内审的最终目标是极其重要的，如图4-22所示。

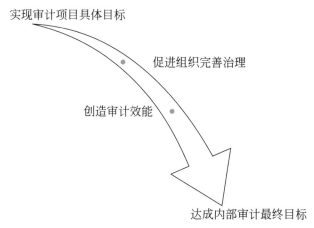

图4-22 审计项目具体目标与内部审计最终目标间的关系

内部审计项目的具体目标服务于内部审计部门的最终目标,即前述"促进组织完善治理、增加价值和实现目标"。

2)审计项目具体目标的类型和含义

通常情况下,内部审计项目的具体目标可分为4类,如图4-23所示。

图4-23 审计项目的具体目标类型

上述4个审计项目具体目标类型的含义如表4-5所列。

表4-5 审计项目具体目标类型的含义

目标类型	含义
真实性内部审计目标	指内部审计部门通过开展该内部审计项目判断财务报表、业务数据等信息是否为真实
效益性内部审计目标	指内部审计部门通过开展该内部审计项目判断企业业务绩效水平的高低
合规性内部审计目标	指内部审计部门通过开展该内部审计项目判断企业业务经营与管理行为是否符合内外各类规章制度
健全性内部审计目标	指内部审计部门通过开展该内部审计项目判断企业内部规章制度是否健全、合理或符合国家、地区、行业政策导向

企业内部审计部门在确立内部审计项目的具体目标时可以参考上述4类目标类型,结合项目实际情况,确定合理且具有可执行性与可操作性的具体目标。

3)内部审计项目具体目标示例

在审计立项部分,我们说到内部审计项目按照审计对象类型可分为财务审计、内控审计、基建项目审计、合同审计、责任审计、管理审计、效益审计等审计项目。

下面就举例来说明各类审计项目的具体目标在实践中通常是如何设定的,如表4-6所列。

表4-6 企业内部审计项目具体目标示例

内部审计项目类型	内部审计项目具体目标	具体目标类型
财务审计	企业财务信息的真实性 企业财务效能水平的高低	真实性目标 效益性目标
内控审计	内控制度体系示范健全 内控制度有效性的高低	健全性目标 效益性目标
基建项目审计	基建项目行为是否违规 基建项目信息是否失真	合规性目标 真实性目标
合同审计	合同是否违规 合同信息是否失真	合规性目标 真实性目标
效益审计	判断经营管理活动的经济性、效率性和效果性	效益性目标
管理审计	企业管理体系是否健全 各项管理机能如决策、计划、组织、控制是否有效	健全性目标
经济责任审计	领导干部经济责任履职情况	效益性目标 合规性目标 真实性目标 健全性目标

上述表格列出了一般情况下企业各类内部审计项目具体目标的示例情况，同时需要说明的是表中的效益审计与管理审计并称经济效益审计，两者的关系如表4-7所列，在实践中需要注意两者的差别。

表4-7 效益审计与管理审计的区别

审计类型	区别
效益审计	"低层次"的审计，可以说是审计的"经济基础"
管理审计	"高层次"的审计，可以说是审计的"上层建筑"

经济责任审计则是对企业领导干部在任职期间管辖范围内各项责任目标的落实情况进行审计，包括但不限于以下十个方面内容，如表4-8所列。

表4-8 经济责任审计的十大内容

序号	经济责任审计内容
1	贯彻执行内外部相关政策与决策的情况
2	推动企业可持续发展情况
3	管辖领域内企业管理体系的构建和运转情况

续表

序号	经济责任审计内容
4	被审计人员遵守有关法律法规和财经纪律情况
5	管辖领域内各项管理制度的健全和完善情况,特别是内控制度的制订和执行情况
6	管辖领域内财政、财务收支的真实、合法和效益情况
7	管辖领域重要项目的投资、建设管理及效益情况
8	被审计人员有关目标责任完成情况
9	遵守廉洁从业规定情况
10	对以往审计中发现问题的整改情况

可以看出,经济责任审计是对企业经营管理、内控管理、人员管理、财务管理等各方面的综合评价,因此其具体审计目标是一个综合性的概念,在实践中应注意与经济效益审计的区分。

综上所述,企业内部审计项目的具体目标是每一项审计项目的具体出发点,同时也构成了企业内部审计工作的最终归宿,即均服务于企业内部审计促进组织完善治理、增加价值和实现目标这三项最终目标。企业要开展内部审计项目,必须要首先从根源上厘清每一项内部审计项目的具体目标。

（2）确定内部审计项目的审计范围

除了需要确定内部审计项目的审计目标,内部审计部门在开展审计项目前还需要明确内部审计项目的审计范围。

1）审计范围的概念

内部审计项目的审计范围指的是内部审计项目所覆盖的被审计单位的"时间与空间"范围,可以从时间和空间角度分别来看,如图4-24所示。

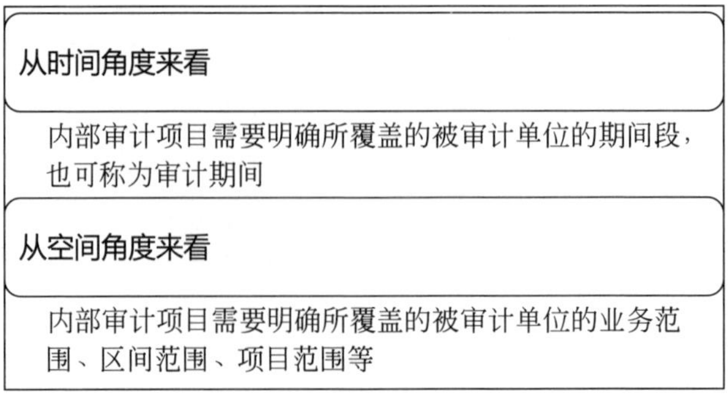

从时间角度来看

内部审计项目需要明确所覆盖的被审计单位的期间段,也可称为审计期间

从空间角度来看

内部审计项目需要明确所覆盖的被审计单位的业务范围、区间范围、项目范围等

图4-24 审计范围的概念

2）审计范围的示例

内部审计项目按照审计对象类型可分为财务审计、内控审计、基建项目审计、合同审计、责任审计、管理审计、效益审计等审计项目。内部审计项目的空间范围主要是根据审计目标来确定的，不同的审计目标会导致需要覆盖的空间范围的不同。

下面列举一些内部审计具体项目的空间范围以供参考，如表4-9所示。

表4-9 企业内部审计具体项目的空间范围示例

内部审计项目类型	具体项目概念	内部审计项目的空间范围
财务审计	是对某一审计期间内公司的财务状况进行审计，通常情况下是在审计期间内实现全覆盖	公司在审计期间内的财务凭证、财务费用等
内控审计	是对某一审计期间内公司内控系统的有效性、合理性和充分性开展的审计，通常情况下是在审计期间内实现全覆盖	公司的内控制度体系
基建项目审计	是对公司的某一个或是数个基建项目开展审计，通常情况下审计期间是项目的开始日期至项目的结束日期，或是多个项目最早的开始日期与最晚的结束日期之间	公司某一个或数个基建项目
合同审计	是对审计期间内公司的合同签订、履行、变更、终止过程及合同管理开展审计，通常情况下对审计期间实现全覆盖	公司某一项业务
效益审计	是对审计期间内公司的某一项经营管理的效率和效果开展审计，其审计期间一般而言是该项经营管理活动的起止日期或是阶段性时期	公司某一项经营管理活动
管理审计	是对审计期间内公司的管理体系与管理机制的健全性开展审计，通常情况下对审计期间实现全覆盖	公司的管理体系与机制
经济责任审计	是对审计期间内被审计人员的履职情况开展审计，其审计期间需要从被审计人员上一次履职审计的截止日期开始到本次审计开始的上年末或是上月度末	公司某一位领导干部的职责指标

总而言之，确定合理的审计范围，能够给内部审计人员一个明确的审计工作方向，同时对后续背景资料的搜集与项目审计方案的制订均起到良好的指导作用。

4.3.2 研究背景资料

研究背景资料是立项审批后、审计小组进场检查前必须要进行的一个环节。俗话说“士兵不打无准备的仗”，研究背景资料就像是审计小组在开展内部审计之前“排兵布阵”一样，研究背景资料的目的如图4-25所示。

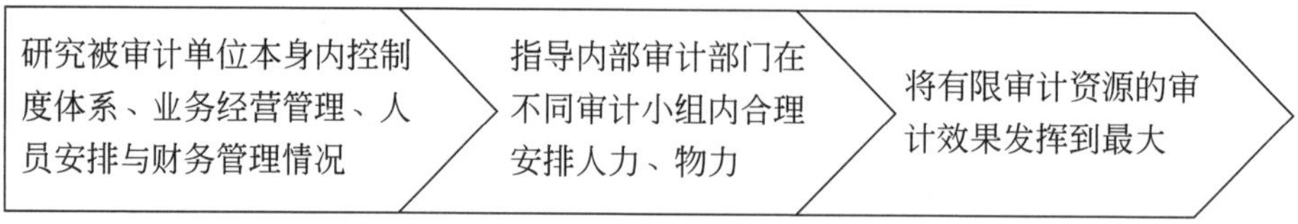

研究被审计单位本身内控制度体系、业务经营管理、人员安排与财务管理情况
指导内部审计部门在不同审计小组内合理安排人力、物力
将有限审计资源的审计效果发挥到最大

图4-25　研究背景资料的目的

由于大部分内部审计项目对于被审计单位而言并非“全覆盖”，这就涉及一个内部审计抽样的概念，即在研究背景资料的基础上采用适当的抽样方法从被审计对象总体中抽取一定数量有代表性的样本开展审计。这是一个以样本审计结果判断总体并得出相应审计意见的过程。

可以看出，背景资料的研究可以说是直接决定审计结果的因素之一，相关关系如图4-26所示。

研究背景资料
确定抽样样本
框定原始“问题库”
决定审计结论与审计效果

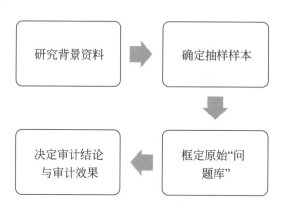

图4-26　研究背景资料与最终审计结论与效果间的关系

那么如何对被审计单位的背景资料进行研究呢？具体可以分为两个阶段：背景资料收集和背景资料分析。

（1）背景资料收集

1）背景资料收集途径

背景资料收集途径通常包括两种类型，如图4-27所示。

> **电话或邮件**
>
> 内部审计项目组组长会与被审计单位负责人以电话或邮件形式沟通，直接说明需要的背景资料
>
> **通知书**
>
> 部分大型集团会直接下发审计通知书，在通知书中明确要求被审计单位配合审计组提供相应的业务材料、数据信息等资料

图4-27　背景资料收集途径

一般而言，内部审计项目组会要求被审计单位安排专门的人员配合审计组完成背景资料收集工作，这样的人员可以称之为迎检牵头联络人员。负责迎检的可以是一个人，也可以是多个人组成的迎检小组，这取决于该内部审计项目的体量大小。如，负责人经济责任审计可安排一名独立的审计人员专门对接审计组提供的背景资料；某子公司的全面审计可由多个部门组成的迎检工作小组负责对接，即每个涉及的部门派出人员组成专门的迎检工作小组配合审计小组完成资料收集。

总而言之，成立被审计单位迎检小组或确定具体迎检工作牵头人员，可以帮助审计小组尽快获取被审计单位的各项业务数据、资料信息，为后续的背景资料分析创造高效、便捷的沟通机制。

2）背景资料类型

通常而言，被审计单位的背景资料按照内容来说可分为业务类、内控类、财务类、制度类等，其中业务类背景资料会因被审计单位的经营范围而不同。具体如图4-28所示。

生产型企业	销售型企业	进出口型企业
更多会被要求提供所生产产品的资料信息（产品、生产、质检、仓储等）	更多会被要求提供所销售产品的资料信息（供应商、采购、销售、批发经销商、零售门店等）	更多会被要求提供进出口贸易的资料信息（进口、出口、检验检疫、海关等）

图4-28　不同类型企业的业务类背景资料

背景资料按照存储方式则可分为电子资料和纸质资料。总体而言，两者的效用是相同的，只是电子资料更便于统计，而纸质资料较为容易遗失且容易泄密。

目前，一些大型企业各层级机构、机构中各部门、各部门中各环节均建立了数据系统，这为获取被审计单位的背景资料提供了极大的便利。

3）非现场审计系统

一些大型企业会为内部审计部门配置专门的非现场审计系统，该系统对接各机构、各板块部门的数据系统，功能非常强大，如图4-29所示。

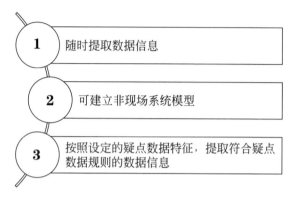

图4-29 非现场审计系统的功能

例如，设置供应商获得报销款后资金于×日内全额或部分转入企业员工账户，提取该类数据便可查看是否存在员工与供应商勾结的情况。

非现场审计系统的运用能够帮助内部审计人员高效、精准获取审计线索，是帮助现场审计的一种有效手段。

（2）背景资料分析

那么如何具体分析被审计单位的背景资料呢？由于内部审计项目类型多种多样，如财务审计、内控审计、基建项目审计、合同审计、责任审计、管理审计、效益审计等，下面就以某一公司的全面审计（子项目包含上述各类审计类型）为例进行讲解。

案例3

某一集团S旗下有三家子公司A、B、C，集团制订的内部审计制度要求内部审计部门每年需要对一家子公司开展全面审计，至多每三年需要对每一家子公司完成全覆盖。20××年集团内部审计部门今年计划对A公司开展全面审计，同时，A公司的负责人X该年将调岗，集团委托审计组对X进行经济责任审计，两个审计项目将同时进行。相关的立项材料已经通过董事长签批，现在需要对A公司开展背景调查，目前已完成进场前材料的收集，下一步需要对这些材料进行分析。

前期，该项目主审已向A公司调取近三年该公司的各类数据信息，包括组织架构、部门设置、人员安排、薪酬考评、现行制度、业务产品、生产计划、X近三年述职报告（履职情况报告）等。审计组设置为财务审计小组、内控审计小组、业务审计小组、经济责任审计小组、信息科技及综合审计小组，各组均设置一名小组长，该项目直接向董事会汇报。此外，该集团建立了非现场审计系统。

A公司全面审计项目背景调查重点，具体如表4-10所列

表4-10 A公司全面审计项目背景调查重点

内部审计项目小组	过程分析说明	背景资料分析重点	抽样建议
财务审计小组	财务审计小组对近三年的财务数据进行分析，如：A公司各部门财务费用预算与实际情况是否出入过大，是否某一部门财务费用异常增长；同时可利用非现场审计系统提取员工账户流水，查看员工是否与供应商之间有密切往来。如果确实有上述现象，则可在后续抽样中重点抽取该部门或是经办人为该员工的财务凭证	分析财务数据是否有真实性存疑、效率性低或是其他异常情况的可疑线索	根据可疑线索确定后期抽样样本；体量小的公司则抽样全覆盖
内控审计小组	内控审计小组收集A公司现行制度，对照集团制度查看是否有突破上行制度的情况、是否存在制度漏洞，同时草拟内控测试程序以备后续现场审计时开展内控测试	分析内控制度建设体系的规范性；制订内控测试程序	通常抽样全覆盖
业务审计小组	业务审计小组通常情况下是全面审计中最为复杂、内容最广泛的一个审计小组。由于A公司是生产型企业，该小组需要对A公司近三年来生产的产品数据进行分析，重点对业务占比较重的产品进行抽样，或是行业内容易爆发出案件或是重大风险事件的产品进行抽样，或是可以对目前A公司的产品生产模式，包括采购原材料、生产加工、质检及仓储等环节进行综合分析，对易出现漏洞的环节着重抽样。例如，A公司近三年中对S产品生产体量占比最大，则后期可以对S产品着重抽样；又如，A公司近期新购置一批质检系统，使用了最新型的工业摄像体系，审计小组则可对此进行抽样，后期现场查看该体系的运转效能是否如当时上报审批所述。总而言之，抽样角度并没有绝对的标准，审计部门均可按照制度、所汇报对象的要求以及被审计单位的实际情况进行抽样	分析近三年业务数据，揭示风险潜在较大的业务板块或流程环节	根据风险分析情况确定抽样样本

续表

内部审计项目小组	过程分析说明	背景资料分析重点	抽样建议
信息科技及综合审计小组	信息科技及综合审计小组重点分析公司的信息科技支持、运营保障、安全防护及监控系统等，例如制订好现场检查时测试科技系统的测试程序，查看监控系统是否对重要业务环节实现全覆盖等	分析公司的信息科技支持等信息；制订测试程序	通常抽样全覆盖
经济责任审计小组	经济责任审计小组则着重分析负责人X近三年的履职情况，由于现场审计时往往会对管理层、各部门负责人等人员进行现场访谈或是发放问卷调查，因此可在背景调查阶段就设置好访谈表或是问卷调查表	分析近三年X的履职情况；编制访谈表或调查问卷	抽样即上述财务审计、内控审计、业务审计、信息科技及综合审计所抽样本的合集

总而言之，研究被审计单位的背景材料是正式开始内部审计项目前的必经之路，也是决定后期内部审计项目"出成果"的一个重要环节，但在实践中往往会被疏忽，各内部审计人员应予以高度重视。

（3）**背景资料的使用**

审计过程中，对背景资料的使用还需要建立调阅资料台账，这在实践中是非常必要的，具体如图4-30所示。

图4-30 建立调阅资料台账的必要性

从上述图可以看出，建立一套完整的调阅资料台账对于开展内部审计工作而言是极为重要的。

通常情况下，调阅资料台账可以是纸质形式，也可以是电子形式。例如，专门制作审计资料调阅登记簿，由主审或是各小组组长自行保存，或是利用Excel制作专门的登记台账，模板如表4-11。

表4-11 内部审计资料交接登记情况表

序号	内部审计项目名称	被审计单位	审计时间安排	审计资源安排	相关审计安排	审计工作目标	备注
1							
2							
3							
……							

建立资料交接登记台账的目的有两个方面，如图4-31所示。

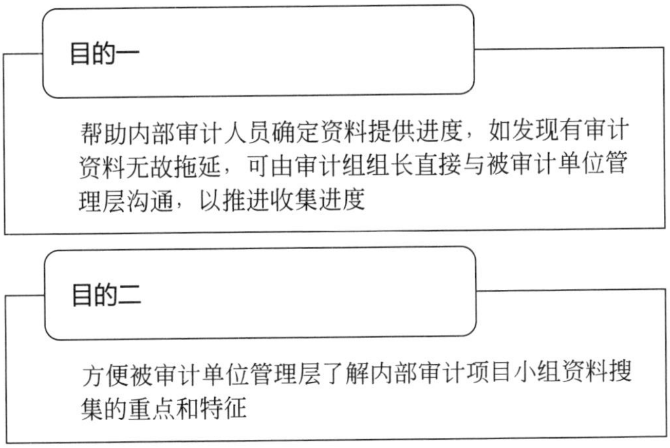

目的一
帮助内部审计人员确定资料提供进度，如发现有审计资料无故拖延，可由审计组组长直接与被审计单位管理层沟通，以推进收集进度

目的二
方便被审计单位管理层了解内部审计项目小组资料搜集的重点和特征

图4-31 建立资料交接登记台账的目的

总而言之，这是内部审计项目组与被审计单位"双赢"的一种有效机制。

4.3.3 制订项目审计方案

（1）项目审计方案制订的意义

在研究好被审计单位的背景资料后，内部审计部门对被审计单位有了大体的了解，在此基础上，内部审计部门需要制订切实可行的项目审计方案。为什么内部审计部门需要大费周章地制订一个项目审计方案呢？

内部审计工作就像是企业的一个"体检医生"，而这个"体检"可能有很多项目，例如财务审计、工程审计、管理审计等，而这些大大小小的"体检项目"都需要在开始前准备一份详尽的"体检表"，以提示审计人员查什么、如何查、最终的目的等，使得内部审计项目能够有序、高效地展开。

一份切实可行的项目审计方案，能够规范内部审计项目开展，提高内部审计工作效率，提升项目开展的质量，是内部审计工作的有力保障。

（2）项目审计方案的内容

根据《第2101号内部审计具体准则——审计计划》第十五条规定，项目审计方案应当包括下列8个方面内容，如图4-32所示。

图4-32 项目审计方案的内容

一份项目审计方案必须涵盖上述准则规定的基本内容，以便在审计项目开展过程中帮助和指导审计人员有针对性地开展内部审计工作，提高审计效率，提升审计产能。

下面将对这些内容进行介绍。

1）被审计单位、项目的名称

被审计单位即是本次内部审计项目的审计对象，项目的名称即是本次内部审计项目的名称。实际上，在立项环节已经基本确定了被审计单位与项目名称，具体可参考4.2.1审计立项。

2）审计目标和范围

内部审计项目类型众多，如财务审计、内控审计、基建项目审计、合同审计、责任审计、管理审计、效益审计等。审计目标与范围则应根据内部审计项目类型与具体情况制订。具体可参考4.3.1确定具体审计目标和审计范围。

3）审计内容和重点

不同内部审计项目的审计内容与重点可能均不尽相同，下面就举例来说明。

例如，某公司今年开展财务审计，制订了相应的项目审计方案，方案指出本次审计内容及审计重点，如表4-12所列。

表4-12 某公司财务审计内容及审计重点

财务审计内容	财务审计重点
流动资金审计	侧重于检查现金的收支业务是否真实准确、银行存款和其他货币资金结余金额是否正确、应收预付款项是否正确、有无呆滞和长期占用情况、存货的购入和付出的合法性
长期投资审计	侧重于检查优先股、普通股和股份结构情况、公司债券分期结构情况和风险性
固定资产审计	侧重于检查购入的固定资产是否符合国家与企业规定的标准，固定资产的使用、保管、维修、清理、报废等是否有科学的管理制度，固定资产折旧的方法是否符合规定，折旧的计算是否准确，在建工程的资金来源是否符合规定，资金使用是否合法合规，在建工程的进度和资金使用效果如何
无形资产审计	侧重于检查专利权资产评估是否真实、土地使用权计价是否真实、手续是否完备
流动负债审计	侧重于检查一年期内借款的使用情况、应付票据是否及时清算、应付账款是否及时结算、应纳税额计算是否正确、应付股利的计利是否合规
长期负债审计	侧重于检查长期借款余额是否正确、借款结构和长期债券的结构是否合理、其他长期应付款项是否正确、有无长期占用和与实际不符的情况
股东权益审计	侧重于检查优先股、普通股的比例以及股东结构是否合理与真实、法定公积金和任意公积金分配是否合理与合规
成本费用审计	侧重于检查成本的计算是否正确以及计算方法是否得当、费用的支出是否合法合规、费用分配是否符合要求
利润和利润分配审计	侧重于检查营业收入的真实性以及收入计价的正确性，营业成本计算方法是否符合会计准则、是否真实，营业外收支是否符合规定、利润是否真实、利润分配是否正确
会计报表审计	侧重于检查表表之间和表账之间是否一致、填写是否符合规定

除了上述举例的财务审计，基建项目审计、合同审计、责任审计、管理审计、效益审计等则也随着项目的不同而会有不同的审计内容与重点。这里需要提示的是，通常情况下，在项目审计方案中会使用到如下句式来表明审计内容与重点："1.×××方面。重点检查×××是否合规、×××是否合理……"

"2.×××方面。重点检查×××的效益性、×××的合法性……"

项目审计方案应切忌空洞，审计内容应分门别类，审计重点应落实到具体语句上，以便内部审计人员可以迅速了解并掌握审计要点、逐条对照开展审计工作。即项目审计方案必须要具有极强的针对性和可操作性，这有助于后续内部审计项目的高效开展。

4）审计程序和方法

审计方法就是为了对上述审计内容和重点开展审计所采取的具体的方法和手段，如调取资产负债表检查其中某个科目的核算是否符合规定等。

审计程序则是指从该项目审计启动到结束期间需要经历的各个阶段，我国内部审计师协会并没有明确每一个类型的内部审计项目的审计程序，但在《第2205号内部审计具体准则——经济责任审计》中明确了经济责任审计的审计程序，包括准备、实施、终结和后续审计，如图4-33所示。

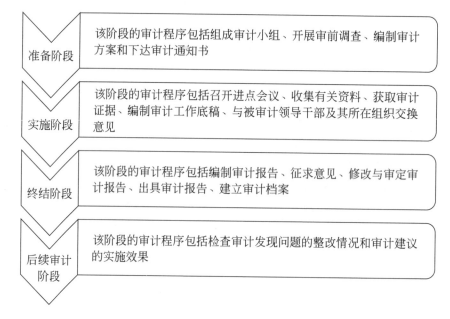

图4-33 经济责任审计的审计程序

其他类型的内部审计项目也可参照经济责任审计的程序结合企业经营管理实际情况进行调整。

5）审计组成员的组成及分工

项目审计方案需要确定参与该内部审计项目的审计小组成员以及各个成员的分工。通常情况下，一个内部审计项目需要确定包括但不限于以下五类人，如图4-34所示。

图 4-34　内部审计项目成员

对于上述五类人员同时需要明确其工作分工，如表 4-13 所列。

表 4-13　审计小组成员工作分工

内部审计项目成员	工作分工
组长	负责牵头，对该内部审计项目进行部署与安排
副组长	负责根据组长要求对项目进行指导与推动
项目主审	负责对各个项目小组成员的工作进度统一把关，对项目小组成员审计问题进行汇总与审核，向组长与副组长汇报
项目小组成员	负责根据项目审计方案分工要求开展具体的审计工作，向项目主审汇报
其他人员	配合内部审计项目的审计小组开展审计工作。例如，由于审计小组往往会安排现场审计事宜，有些公司会在项目审计方案中注明后勤保障人员

6）审计起止日期

项目审计方案会对审计小组开展审计工作的起始日期与终止日期进行明确。内部审计准则对于审计起止日期没有规定，通常情况下会参考五个方面因素，如表 4-14 所列。

表 4-14　审计起止日期影响因素

影响因素	具体影响
内部审计项目的类型	大型的内部审计项目如单位全面审计会长达一个月至两个月，小型的内部审计项目如负责人经济责任审计则可能在一个月以内
内部审计项目的审计对象	被审计对象体量越大、业务越繁杂、人员越多，则内部审计项目耗时越长
内部审计项目的审计内容	审计内容覆盖面越广，则内部审计项目耗时越长
公司内部制度规章及管理层要求	内部审计项目的耗时长短还与公司内部的制度规章有关联，在制订项目审计方案时还需参考公司内部制度以及管理层要求
被审计单位工作安排	内部审计项目的耗时长短还应考虑到被审计单位的工作安排，切记不可影响到被审计单位的日常工作进程

7）对专家和外部审计工作结果的利用

专家和外部审计工作结果指的是以往外部审计机构（如会计师事务所、审计局、监管部门等）对企业开展审计工作的结果，例如，管理或是业务经营上存在的问题或是审计建议等。

企业在编制项目审计方案时将持续关注企业是否对上述问题进行有效整改以及审计建议是否被执行，即开展跟踪审计，有些企业会要求专项项目达到三年或是两年一次"回头看"的频率。

8）其他有关内容

由于内部审计项目各式各样，且企业的类型、规模、行业也各有不同，因此企业的项目审计方案也不尽相同。除了上述准则规定的基本内容之外，内部审计部门还可根据企业实际情况、管理层要求、项目审计目标等因素补充内容加入项目审计方案中。

总而言之，一份合格的项目审计方案是在涵盖准则中所述基本内容的基础上，结合企业经营管理实际情况与项目审计具体要求制订而成的，并且对于审计人员而言是具有可操作性与可行性的。

（3）项目审计方案的制订流程

企业内部审计部门制订任何项目审计方案均需要遵循一定的项目审计方案编制流程，而企业建立科学、规范的审计方案编制流程能够有效提高内部审计项目审计方案的质量。

通常情况下，一个完整的项目审计方案的制订流程包括6个环节，如图4-35所示。

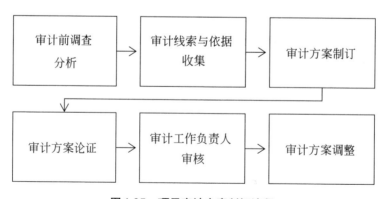

图4-35　项目审计方案制订流程

上述6个步骤的具体操作方式如表4-15所列。

表4-15 项目审计方案制订的具体步骤

序号	工作步骤	具体操作方式
1	审计前调查分析	编制项目审计方案首先需要对审计对象进行充分调查了解，同时结合审计项目的具体目标与要求，判断可能存在问题的范围与方向，以此确定审计方案中需要涉及与覆盖的审计事项，在4.3.2研究背景资料中已详细阐述过
2	审计线索与依据收集	在确定审计内容与范围后，需要根据审计内容收集审计项目开展需要的法律、法规、行业管理规章制度以及企业内部制度等审计依据资料，并对依据的适用性进行排查，以确保审计依据能够有效适用接下来即将开展的内部审计项目
3	审计方案制订	在完成前期资料收集分析、重要审计事项与内容确定、审计依据收集等环节后，项目审计主审负责制订项目审计方案
4	审计方案论证	在完成项目审计方案后，需要及时对项目审计方案进行论证。审计方案论证的重点是方案的可行性、适用性和有效性。可行性，即项目审计方案实施后能否实现设定的审计目标。适用性，即项目审计方案设定的审计内容、审计范围和审计重点是否与被审计单位的实际情况和所要达到的审计目标相适应。有效性，即实施项目审计方案后，能否有效节约审计工作时间、提高审计时效和规避审计风险。通常情况下，由于可行性研究审计是一项具备极强技术性与专业性的工作，需要由行业内具有较高业务水平及信用的单位或是专家来进行审定。可行性研究审计人员一般应包括市场专家、经济学家、企业管理专家、财务会计专家、投资分析专家、律师以及工程技术人员等。而对于一些规模较小的企业而言，可能没有条件邀请行业专家，则可以邀请企业内各业务部门、挑选技术人员来进行内部论证
5	审计工作负责人审核	通过论证后，项目审计方案应送交内部审计部门负责人复审，在完成这一环节后，项目审计方案则可作为立项申请的附件，一同提交企业管理层进行最终审核
6	审计方案调整	在正式启动内部审计项目后，内部审计人员在执行项目审计方案过程中，如遇到重大变化事项，则项目审计组应及时启动项目审计方案调整程序，以保证项目审计方案的针对性、切合性和有效性，保障内部审计项目能够有效、顺利开展

总而言之，通过上述步骤以及集思广益和充分论证，结合审前调查所掌握的情况，及时再对项目审计方案进行补充或完善。

（4）项目审计方案的保密性

值得注意的是，项目审计方案可以说是内部审计人员及内部审计部门"吃饭的饭碗"，在任何情况下均需要保证不可对外泄露，这是内部审计人员的工作准则和职业道德底线。

4.3.4 成立审计小组和确定审计时间

在上述立项申请、项目审计方案制订、背景资料调查分析等环节后,内部审计部门应按照项目审计方案,正式成立审计工作小组并确定具体的审计时间。

(1)成立审计小组

在4.3.2研究背景资料中已经详细讲解了内部审计项目工作小组应根据项目类型与审计内容建立不同类别的审计小组,不同的小组构建时所采用的框架不同。最常用的框架如图4-36所示。

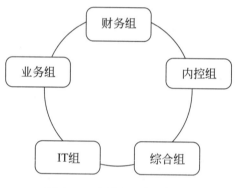

图4-36 审计小组常用框架

在正式完成审计前准备工作后,经请示内部审计部门领导,审计小组应正式确立,一般无特殊情况不得调整小组成员,直至该内部审计项目结束。

(2)确定具体的审计时间

在正式成立审计小组后,内部审计部门还需正式确定具体的审计时间,经内部审计部门领导审批同意后,以审计通知书形式发送至被审计单位,以便被审计单位及时做好迎检和相关准备工作。

4.3.5 发出审计通知书

(1)发出审计通知书的目的与作用

1)发出审计通知书的目的

企业内部审计部门在对被审计单位开展审计工作之前,在审计工作开展进行过程中，以及在审计工作结束时，都必须向被审计单位和有关部门填发相应的审计通知书，以此能够保证审计工作顺利、及时、高效率地完成。

2）发出审计通知书的作用

审计通知书的基本作用是保障企业内部审计部门正常顺利和切实有效地开展各项审计工作，具体表现在以下3个方面，如图4-37所示。

告知作用

审计通知书能够将审计项目、审计对象及期间、审计小组成员及分工等信息告知被审计单位，在正式印发审计通知书后，内部审计部门才能对被审计单位开展审计工作

约束作用

审计通知书能够约束内部审计部门按照审计通知书在规定审计期间内对被审计单位开展审计

审计通知书能够约束被审计单位配合内部审计部门开展审计工作

凭证作用

审计通知书记录了审计项目、审计对象及期间、审计小组成员及分工等信息，是内部审计部门开展审计工作的依据和证明，内部审计部门应将审计通知书作为凭证归入审计档案中妥善留存

图4-37　审计通知书的作用

（2）审计通知书的内容与格式

1）审计通知书的内容

根据2013年8月26日中国内部审计协会发布《第2102号内部审计具体准则——审计通知书》的规定，审计通知书应当包括以下内容，如表4-16所列。

表4-16　审计通知书的内容

内容	主要含义	备注
审计项目名称	本次内部审计项目的名称，如"×公司全面审计""×公司负责人S经济责任审计"	这在内部审计部门制订的年度内部审计计划以及审计方案中已明确，不可擅自更改，如有需要调整的需要报内部审计部门负责人或是企业管理层审批，通过后方可调整，且相关审计方案的名称也需要一同修改

续表

内容	主要含义	备注
被审计单位名称或者被审计人员姓名	本次内部审计项目的审计对象，可以是某个单位，也可以是某一个人	与审计项目名称一样，在内部审计部门制订的年度内部审计计划以及审计方案中已明确，不可擅自更改，如有需要调整的需要报内部审计部门负责人或是企业管理层审批，通过后方可调整，而且相关审计方案的名称也需要一同修改
审计范围和审计内容	本次内部审计项目具体需要对被审计单位或被审计人员进行审计的相关的业务范围及时间范围	在内部审计部门制订的审计方案中已明确，不可擅自更改，如有需要调整的需要报内部审计部门负责人或是企业管理层审批，通过后方可调整，且相关审计方案的名称也需要一同修改
审计时间	本次内部审计项目开展的起始日期与终止日期	审计时间一旦确定，内部审计部门需严格按照规定时间完成内部审计项目，不可擅自提早或拖延
需要被审计单位提供的资料及其他必要的资料	内部审计部门开展该内部审计项目时，需要被审计单位提供帮助，包括但不限于：提供非现场或是现场审计时需要的材料、现场审计时需要被审计单位提供的必要的办公环境、住宿饮食等	① 需要被审计单位提供的资料通常会作为审计通知书的附件一同下发至被审计单位，此处的内容应剔除前期被审计单位已提供的背景资料，以防被审计单位多次重复提供，引起抗拒心理 ② 在发送审计通知书的同时，往往会附上审计承诺书，要求被审计单位承诺所提供资料的真实性和完整性
审计组组长及审计组成员名单	本次内部审计项目的项目组长、副组长（如有）、审计主审、小组成员、其他人员等	这在内部审计部门制订的审计方案中已明确，不可擅自更改，如有需要调整的需要报内部审计部门负责人或是企业管理层审批，通过后方可调整，且相关审计方案的名称也需要一同修改
内部审计机构的印章和签发日期	审计通知书需要有内部审计机构（部门）加盖的印章，并注明签发日期，方可生效	内部审计机构应当在实施审计三日前，向被审计单位或者被审计人员送达审计通知书。特殊审计业务的审计通知书可以在实施审计时送达

2）审计通知书的格式

审计通知书的格式并无统一要求，具体内容及附件模板可参考图4-38、图4-39、图4-40所示。

关于对A公司开展财务专项审计的通知

A公司：

根据 S 集团年度内部审计计划安排，决定派出审计组，自 2019 年月 4 日 1 日起至 2019 年 5 月 11 日，对贵公司 2017 年至 2018 年度财务收支合法性、合规性进行审计，必要时将追溯以前年度或延伸审计有关单位。

请予以配合，并提供有关资料（包括电子数据资料）和必要的工作条件。

审计组组长：××
审计组副组长：××
主审：×××
审计组成员：××、××、××、××、×××
附件：
1. 审计承诺书
2. 审前准备事项

S 集团审计部
二〇一九年三月二十六日
（S 集团审计部盖章）

图 4-38　审计通知书模板

附件 1

审计承诺书

S 集团审计部：

为配合你部实施对本公司的财务审计工作，我们谨对所提供的资料做出如下承诺：

1. 本企业所提供的资料是完整、真实、准确的。
2. 根据《公司法》及《会计法》的规定，我们对会计报表所表达财务状况及经营成果与财务状况的变动的真实性、合法性和完整性负责，所执行的会计政策符合国家有关规定。
3. 我们已提供了所有的会计记录、资料及其他法定文件。
4. 所有报表日存在的已知资产和负债均已入账，且没有高估或低估的情况存在。
5. 所有年度内发生的收入和损失（费用）均已体现在财务报表中。
6. 报表日不存在重大的或有负债或承担，也没有其他未决诉讼或对公司有潜在威胁的事件存在。

企业负责人（签章）：

财务负责人（签章）：

A 公司审计部
年　月　日
（A 公司盖章）

图 4-39　审计承诺书模板

> 附件2
>
> **审前准备事项**
>
> 1. 企业领导汇报企业总体情况（形成书面材料，审计进点时汇报），包括：
> （1）企业概况、机构设置；
> （2）经营范围、规模、模式；
> （3）会计核算情况；
> （4）年度经营情况；
> （5）其他需说明的情况。
> 2. 近两个年度财务资料，包括财务报表、会计账册、凭证。
> 3. 市国资委下达的业绩考核指标及考核情况。
> 4. 近两个年度工作总结。
> 5. 企业重大议事规则及重大经济决策事项的会议纪要、经济合同、经济诉讼、对外担保等资料。
> 6. 近期资产盘点资料、债权债务情况说明。
> 7. 有关部门对单位的检查报告及下达的处理意见。
> 8. 内控制度及其他需要提供的资料。

图4-40　审前准备事项模板

4.3.6　开展现场与非现场审计

内部审计部门主要采用以下2种方式开展审计工作，如图4-41所示。

现场审计

- 现场审计即指内部审计部门根据项目审计方案组成的审计小组进驻被审计单位开展审计工作，需要由被审计单位提供必要的办公场所和生活服务（住宿、饮食等）
- 现场审计的"现场"二字即指审计工作小组"现场"调阅材料、"现场"翻阅凭证、"现场"查看档案、"现场"对相关人员或单位开展访谈等，而上述材料均仅限于现场审计期间查阅，当审计工作小组退场后不可带离审计资料原件，如有需要，可将复印件作为审计资料归入审计档案保存

非现场审计

- 非现场审计是指审计人员无需到达被审计单位，主要借助信息网络、计算机等电子化和信息化手段，采集、整理被审计单位经营数据和业务资料，对被审计单位的业务经营及风险管理状况进行跟踪、评价的一种审计方式

图4-41　内部审计方式

对于内部审计部门来说，现场审计与非现场审计互为补充、缺一不可。目前，以非现场持续监控为主、以现场审计为辅的内部审计模式已经成为企业内部审计的一种常见、有效审计模式。下面来详细讲解一下两种审计方式。

（1）开展现场审计

1）现场审计的流程

由于现场审计期间有限，审计工作小组必须要充分利用有限的时间使审计效能最大化。现场审计的主要流程可参考表4-17所示。

表4-17 现场审计的主要流程

序号	步骤环节	注意事项
1	对被审计单位或被审计事项进行充分的审前调查了解	审前调查的资料来源主要基于以下两个方面： ① 在研究背景资料环节搜集的被审计单位背景资料（参考4.3.2小节）； ② 在审计通知书中要求被审计单位提供的补充材料（参考4.3.5小节）
2	确定审计的内容重点	依照项目审计方案中"审计内容和重点"确定（参考4.3.3小节）
3	召开现场审计进场会	通常情况下，被审计单位负责人、管理层、审计涉及部门或人员、审计工作小组全体需到场参会，由审计组组长现场宣读审计通知书与审计纪律，欢迎被审计单位对审计工作组的工作进行监督举报
4	运用合理的审计技术方法发现问题、分析问题	依照项目审计方案中"审计程序和方法"确定（参考4.3.3小节），如：访谈、调阅凭证、调取流水
5	有针对性地提出审计意见和建议	基于所发现的问题提出切合被审计单位实际情况的审计意见与建议
6	与被审计单位现场沟通	将发现问题和审计建议与被审计单位进行现场沟通，在被审计单位与审计工作小组就发现问题达成一致后，被审计单位需签订事实确认书，审计组将事实确认书作为重要凭证归入审计档案
7	召开现场审计退场会	通常情况下，被审计单位负责人、管理层、审计涉及部门或人员、审计工作小组全体需到场参会，由审计组组长现场通报审计发现问题以及审计建议

2）现场审计事实确认书

现场审计环节发现的问题需要通过某种方式证明被审计单位予以承认，如采用事实确认书的方式，可参考表4-18所示。

表4-18 现场审计事实确认书

现场审计事实确认书

编号：

审计项目			审计日期	
被审计单位				
地址			联系电话	
审计事实	审计事实： 审计发现的问题：			
确认意见： 被审计单位主要负责人签名：　　　　　　　　　　　　　　　（单位公章） 　　　　　　　　　　　　　　　　　　　　　　　　　　　年　　月　　日 审计小组组长签名：　　　　　　　　　　　　　　　　　　　年　　月　　日				

3）审计公示

在召开现场审计进场会时，审计组组长通常会现场宣读审计纪律，而在进场会结束后，审计组将在被审计单位醒目的位置张贴审计公示，以书面形式告知审计纪律及投诉渠道，欢迎被审计单位的监督。

当然，对于拥有办公网的大型企业来说，审计公示也可以在企业办公网上发布。

审计公示可参考如下。

审计公示

根据《S集团经济责任审计实施办法（2.0版，2019年）》（××〔2019〕8号）的有关规定，S集团党委委托审计部，自××××年××月××日起，对××同志担任××（部门/单位）××（职务）期间经济责任进行审计，现予以公告。

公告期间，敬请广大职工支持和监督审计组的工作。如有相关事宜反映，请与审计组联系。

特此公告。

电话号码：

电子邮箱：

（2）开展非现场审计

1）非现场审计的意义

非现场审计的出现主要是为了解决以下两个方面的矛盾，如图4-42所示。

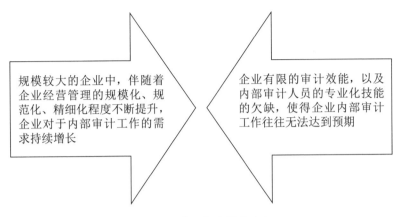

图4-42　非现场审计的意义

对于大型企业而言，传统的内部审计抽样检查在面对海量的业务数据与资料时，其覆盖面不足、发现问题不及时的缺点也日益显现，而此时非现场审计即作为改进内部审计检查方法的一种解决手段出现。

2）非现场审计的流程

非现场审计一般是基于各种非现场方式获取的数据（大型企业会建立自己的非现场审计系统，并基于系统构建符合某种疑点特征的模型）。非现场审计的流程主要包括两个环节，如图4-43所示。

图4-43　非现场审计的主要流程

内部审计部门制订非现场审计的定期监测工作制度，通过定期调取企业经营数据，发现疑点线索后，可采取下述两种方式开展跟踪审计，如图4-44所示。

结合日常监督机制

结合日常监督机制，根据非现场审计获得的疑点线索，对于可以直接确定问题的，撰写审计风险提示，发送被审计单位要求严格组织整改，并对相关责任人员开展问责；对于无法判断为问题的，撰写审计查证单，发送至被审计单位，要求严格组织核实，一经确认则立即组织整改，并对相关责任人员进行处罚

结合专项内部审计项目

结合专项内部审计项目，根据非现场审计获得的疑点线索，在对该单位开展其他审计项目时，安排审计人员对上述线索进行现场核实，现场调查人员根据核实结果，对相关责任人员提出处理意见

图 4-44　非现场审计后续跟踪审计方式

3）非现场审计的查证单

非现场审计发现的疑点线索可以通过下发审计查证单或审计风险提示的形式传递给被审计单位。审计查证单的格式可参考表 4-19。

表 4-19　审计查证单模板

年　　月　　日

项目名称	
被审计单位名称	
审计事项名称	
审计事项摘要	
审计人员	查证单编号
证据提供单位意见	（盖章）
证据提供单位负责人	日期

注：证据提供单位意见栏填写不下的，可另附说明。

审计风险提示的内容格式可参考表4-20。

表4-20 审计风险提示模板

审计风险提示
A公司： 　　根据S集团年度内部审计计划要求，对贵公司2017年度财务报告进行审计。基于实施审计工作并发表审计意见的基础上，按照此次内部审计的工作要求，对审计过程中有证据显示，并经审计人员分析判断认为的重大风险事项现予以提示，同时针对有关问题提出管理建议如下： 　　一、被审单位基本情况及财务分析 　　（一）基本情况 　　（二）内控：内控环境、风险评估、内控活动、信息与沟通、监督 　　（三）经营能力分析 　　（四）偿债能力分析 　　（五）盈利能力分析 　　（六）其他方面及或有事项 　　附： 　　1.有关财务分析数据 　　2.被审计单位基本情况一览表 　　二、披露风险的分析与评估 　　按风险事项及其影响做出 　　（一）行业风险 　　（二）资金与财务风险 　　（三）经营风险的评估 　　（四）关联风险 　　（五）重大风险事项 　　包括合同纠纷、决策失误、企业并购、资产评估、资产重组，股权及债务重组。 　　（六）其他方面及或有事项 　　附：年报审计风险披露一览表 　　三、风险管理建议 　　依据前述一、二板块，有针对性提出。 　　其他资料： 　　审计方案，包括审计组织、时间安排、技术保证、资料清单等。 　　审计总结，包括基本情况、被审企业共性的风险点及管理建议等。

4.4 第四步：获取审计证据

对于内部审计工作而言，获取审计证据是审计人员后续提出审计建议的关键依据，是影响审计目标最终实现的主要因素。在开展内部审计工作的过程中，内部审计人员有目的地、有计划地收集与鉴定审计证据并做出独立、客观的判断，是内部审计项目实现其具体目标的关键所在。

4.4.1 审计证据的种类

审计证据指的是内部审计部门和内部审计人员获取的，用于证明审计事实真相，形成审计结论的证明材料。在内部审计工作开展过程中，内部审计人员应当根据内部审计项目的具体目标获取不同类型的审计证据。

按照形式来看，审计证据主要分为以下5种，如表4-21所列。

表4-21 审计证据种类

审计证据种类	具体内容
书面审计证据	书面审计证据指的是各种以书面文件形式存在的审计证据，包括与被审计单位有关的各种原始凭证、会计记录、会议纪要和文件、业务合同、上级批复等书面形式存在的审计证明材料
实物审计证据	实物审计证据指的是通过实际观察、现场盘点等方式获得的用以证实实物资产的真实性和完整性的证据，这需要内部审计人员通过实际监盘予以验证取得
视听电子审计证据	视听电子审计证据指的是被作为证据研究的、能够证明审计相关事实的电子文件（包含视听文件）
口头审计证据	口头审计证据指的是被审计单位职员或其他有关人员对内部审计人员的询问通过口头形式答复所形成的一类证据。内部审计人员应将重要的口头证据尽快记录，并注明时间、地点、人物、在何种情况下所做的口头陈述，必要时还应获得被询问者的签名确认。一般情况下，口头审计证据往往需要得到其他相应证据的支持
环境审计证据	环境审计证据也称作状况审计证据，指的是对被审计单位产生影响的各种环境事实，它包括有关内控情况、被审计单位管理人员的素质、各种管理条件和管理水平等。环境审计证据一般不属于基本证据，但它可帮助审计人员了解被审计单位及其经济活动所处的环境，是内部审计人员进行判断所必须掌握的资料

4.4.2 审计取证要求

(1) 审计取证的基本要求

《第2103号内部审计具体准则——审计证据》中规定，内部审计人员在获取审计证据时，应当考虑3个基本因素，如图4-45所示。

具体审计事项的重要性
内部审计人员应当从数量和性质两个方面判断审计事项的重要性，以做出获取审计证据的决策

可以接受的审计风险水平
证据的充分性与审计风险水平密切相关，可以接受的审计风险水平越低，所需证据的数量越多

成本与效益的合理程度
获取审计证据应当考虑成本与效益的对比，但对于重要审计事项，不应当将审计成本的高低作为减少必要审计程序的理由

图4-45　审计取证考虑的要素

(2) 审计证据的基本要求

内部审计人员获取的审计证据应当具备3个特性，如图4-46所示。

相关性	可靠性	充分性
审计证据与审计事项及其具体审计目标之间具有实质性联系	审计证据真实、可信	审计证据在数量上足以支持审计结论、意见和建议

图4-46　审计证据的特性

(3) 审计取证的其他规范化要求

由于审计证据种类众多，载体与获取方式各不相同，因此内部审计部门与内

部审计人员在审计证据取证方面除基本要求外，还应做到3个方面的规范化要求，如表4-22所列。

表4-22 审计取证的其他规范化要求

规范化要求	具体内容
制订审计证据获取的规范和流程	① 企业的内部审计部门应严格按照审计法、审计基本准则和审计规范规定的要求和程序进行审计和取证。 ② 取证过程中要按审计证据准则的要求，认真做好记录，如向被审计项目相关人员提供的材料应有签名和盖章；基于相关会计资料所进行的检查、分析、查询、复算应力求准确；对现金、有价证券、固定资产、存货等盘点应现场取证；部分重要经济往来和事项应做好充分取证准备，发送函询证；审计证据应当注明来源，或附上相关材料说明，附件应有提供单位和提供者的签名并由审计组长复核，复核应该有复核人员的签名或盖章等
改进内部审计证据获取的手段和方法	企业内部审计部门与内部审计人员应改进审计查账方法，在判断抽样的基础上，灵活运用统计抽样方法，使审计查账既客观、科学，又能提高审计效率，减少审计人员因自身经验不足或能力有限而产生的审计风险，使审计证据获取工作更加科学与严谨
建立健全内部审计控制制度	企业内部审计部门应建立健全内部审计控制制度，主要包括但不限于： ① 建立内部审计质量责任制 即内部审计人员、内部审计组长、内部审计部门负责人、企业分管领导要按层次对审计方案、审计工作底稿、审计报告、审计决定及审计证据的真实性负责，层层落实到位。 ② 建立内部审计组内部互查复查制度 即由第三方或是企业内部对内部审计部门的工作实行互查与复查，以此建立对内部审计工作的监督评价。 ③ 建立内部审计人员廉洁从审制度 如：每次开展内部审计项目现场驻点检查时，内部审计部门发送被审计单位调查问卷，待审计结束后由被审单位对审计组人员在审计过程中的工作纪律和廉洁从审情况予以反馈；每个审计项目审计组中都要确定一人为廉洁从审监督员，监督员负责在整个审计过程中现场监督并及时向企业董事会、纪检部门（如有）汇报监督结果情况；每年年初要求内部审计人员签订廉洁从审责任书，承诺其在开展内部审计工作的过程中将秉承廉洁从审的职业道德底线

4.4.3 获取审计证据的工作步骤

审计证据是用来证实审计事项是否符合有关既定标准，并作为审计结论基础的证据凭证。

充分的审计证据能够增加审计报告与审计意见的公信度，能更加容易使被审计单位和被审计对象接受。可以说，审计证据在内部审计工作中的重要性是无可取代的。换句话说，审计证据是否充分和可靠能够直接影响内部审计工作的质量。

在实践中，审计证据的收集通常会分为3个步骤，如表4-23所列。

表4-23 审计取证的步骤

序号	审计取证步骤	具体内容
1	审前收集	内部审计人员需要在下发审计通知书之前开展充分的审前调查，即审前收集审计证据，以保证审计工作有序、优质、高效地开展，从而保证审计质量。 在审前收集阶段，内部审计人员需要收集与审计项目相关的审计证据，目的是衡量和判断审计对象的正确性、真实性、合法性、合规性、有效性。 例如：被审计单位制订的依据，上级单位起草制订下发的各类文件资料以及国家颁布实施的法律法规等；找准财务控制的盲点和弱点，根据调查情况，进行分析性复核和风险评估，确定内部审计工作的重点，编制出切实可行的项目审计方案
2	审中获取	在现场审计阶段，内部审计人员需要及时收集相关审计证据，即审中获取审计证据，这一阶段是审计证据收集的主要来源。 例如，内部审计人员直接向被审单位和相关部门索取有关证明材料。这就是内部审计人员针对审计项目和所要达到的目标，有目的地向被审单位索取有关文件、凭证、账簿、指标等资料。 在索取资料的过程中，被审单位必须如实提供，不得拒绝或隐匿，更不能提供虚假的资料。如不能及时提供证据，应向内部审计人员说明理由。同时，内部审计人员审计一旦发现被审计单位提供虚假资料，应当向被审计单位讲明利害关系，要求重新提供正确材料。 值得注意的是，现场审计证据收集的方法有很多种，后续将在下一节4.4.4审计证据的搜集方法中详细讲解
3	审计证据鉴定	在实践中，审计证据并不是越多越好，内部审计人员应当明白审计证据的数量应以能说明问题为限。 内部审计人员通过各种途径收集到的审计证据，尽管具有一定程度的证明力，但其证明力还是潜在的，尚不能直接用来证明某一内部审计项目。内部审计人员必须对证据的相关性、可靠性、合法性和充分性等进行分析和鉴定，即开展审计证据鉴定。 在审计证据鉴定阶段，对于证据与被审计事项没有内在联系的应果断剔除。只有在证据与证据之间存在联系，且能够相互证实时，其中客观性最强的证据才能够被利用。在证据与证据之间内容不一致或存在矛盾的情况下，还应收集更多的相关证据进行判断。 对经过鉴定的证据还必须加以整合，也就是说对相关证据从总体上加以归纳、分析、整理，使其从逻辑链、时间链等多角度充分实现条理化。通过整合审计证据，内部审计人员需要选出最合适、最充分、具有说服力的审计证据。 通过整合审计证据，内部审计人员能够对审计事项从个别到全面、从表面到本质进行认识，逐渐形成对审计事项的审计结论，以作为后续撰写审计报告、提出审计意见、做出审计决定的重要依据

4.4.4 审计证据的搜集方法

根据《第2103号内部审计具体准则——审计证据》规定，内部审计人员向有关单位和个人获取审计证据时可以采用（但不限于）下列方法：审核、观察、监盘、访谈、调查、函证、计算、分析程序。

审计人员在搜集审计证据的过程中应适当考虑审计证据的可靠性和各类证据之间的相关性，同时内部审计人员应当将不同方法获取的审计证据的名称、来源、内容、时间等信息完整、清晰地记录于审计工作底稿中，以便后续进行有效分析与整理。

4.5 第五步：分析性程序及审计测试

在获取各类审计证据后，内部审计人员需要对各类信息进行分析与测试，即实施分析性程序和开展审计测试，以确定审计证据是否足够支持审计结论，以及本次内部审计项目是否达到了审计目的。

下面就来重点讲解一下分析性程序和审计测试。

4.5.1 分析性程序

（1）分析性程序的概念

分析性程序指的是通过分析和比较信息之间的关系、计算相关的比率，从而确定审计重点、获取审计证据和支持审计结论的一种审计方法。

（2）分析性程序的目的与作用

1）分析性程序的目的

内部审计人员在不同阶段实施分析性程序所代表的目的各不相同，以下举例说明，如图4-47所示。

```
┌─────────────────────────────────────────────┐
│ 在审计前阶段                                  │
│                                              │
│   内部审计人员实施分析性程序能够深入了解被审计对象实   │
│   际情况，有效把握审计方向，制订合理的审计方案       │
└─────────────────────────────────────────────┘
┌─────────────────────────────────────────────┐
│ 在审计开展阶段                                │
│                                              │
│   内部审计人员实施分析性程序能够使得整个审计项目耗费   │
│   更少的审计资源，使得内部审计人员获取相对更好的审计   │
│   证据                                        │
└─────────────────────────────────────────────┘
```

图 4-47 不同审计阶段实施分析性程序的目的

2）分析性程序的作用

分析性程序的作用在于以下 2 个方面，如图 4-48 所示。

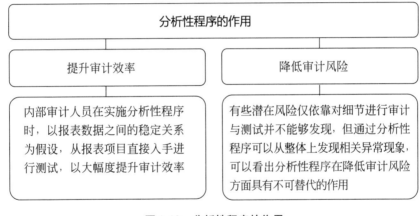

图 4-48 分析性程序的作用

内部审计人员可以在审计项目的各个阶段开展分析性程序，例如：计划、复核等阶段。

总而言之，在现今信息技术发达的时代里，分析性程序能够帮助内部审计人员通过模型的构建，结合内部审计师的经验与专业知识，提高审计判断的准确性，同时大大节省审计资源，在整体上提升审计效率。

(3) 分析性程序在审计工作中的具体运用

1）分析性程序在审计计划阶段的运用

在审计计划环节，实施分析性程序有着重要作用，如图 4-49 所示。

> **减少审计的盲目性**
>
> 收集与分析被审计单位的背景资料、制订项目审计方案时,内部审计人员需要从宏观角度把握被审计单位的整体情况,对审计工作进行全盘掌握与把控,以减少审计过程的盲目性

> **初步评估被审计单位的风险水平**
>
> 内部审计人员还应利用各类分析性程序,了解并掌握企业财务状况、经营能力等情况,明确各个要素之间的关系,使得审计人员能够对企业进行风险评估,及时发现异常、未预期等情况

图4-49 审计计划阶段实施分析性程序的作用

下面具体举例以供参考。

在制造行业中,内部审计人员需要考虑收入是否真实,收入与成本之间的匹配度,还应及时掌握企业年度重要事项对于财务报表产生的深远影响。

例如,A公司是一家大型制造企业,调查它某年度的资产负债表,发现其在建工程中没有项目转入到固定资产,但在建工程金额增加了9200元,而其现金流量表显示相关项目仅有5800元。由此,内部审计人员发现其预付工程款增加,但预付账款与应付账款款项不相符,据此可以推断出很多问题,而这些问题也成为后续企业内部审计的审计重点。

2)分析性程序在审计实施阶段的运用

在正式实施审计时,内部审计人员通过运用分析性程序,能够从不同角度广泛收集审计证据,从而使得内部审计人员更为系统地、全面地识别被审计单位财务报表,从中发现隐藏的错报现象。

例如,内部审计人员对于应收账款的审计,应对余额进行期后收款细节的测试,保证余额的可回收性,且能够对账龄进行分析,以此来判断账款是否具备收回的可能性。结合当前企业会计政策来看,独立执行重新测试累计折旧审计程序,使得结果与账面金额相比较,可以此来判断计提是否准确。在此基础上,如果发现重大差异,应进一步收集证据,查找差异形成原因,以提高审计工作的有效性。

3)分析性程序在审计复核阶段的运用

审计复核是内部审计工作的最后阶段,是对前两个阶段工作的总结。内部审计人员在审计复核阶段实施分析性程序的主要作用有两个方面,如图4-50所示。

> **评价财务报表**
> - 评价已审计完成的财务报表是否合理、是否存在未预期等，以帮助内部审计人员形成合理的审计判断
> - 将分析性程序运用到财务报表基础之上，能够规范报表，使得审计报告更具公信力，并最大限度地降低错报风险

> **评价审计报告**
> - 在项目审计报告形成阶段，内部审计人员应全面阅读审计报告及附注，充分考虑各个环节是否存在不合理之处，最后完成项目审计报告的定稿

图4-50　审计复核阶段实施分析性程序的作用

总而言之，内部审计人员在不同的审计阶段实施分析性程序，能够为审计工作提供极大的便利，同时提高审计工作的有效性，降低审计风险，帮助内部审计人员出具更加合理、有效的审计意见，切实纠正企业存在的问题。

4.5.2　审计测试

（1）审计测试的含义

审计测试指的是内部审计人员为达到审计目的，采用一定的方法对被审项目的部分内容进行试验，以获取审计证据，以此判断被审项目是否可以接受的一种审计程序。

（2）审计测试的主要方式

从测试方法来看，审计测试主要分为3种测试方式，如图4-51所示。

1）符合性测试

符合性测试的测试对象均是企业内控的执行情况，主要是在企业制度基础审计工作中，针对企业内控制度的执行情况而开展的测试。测试的目的包含3个方面，如图4-52所示。

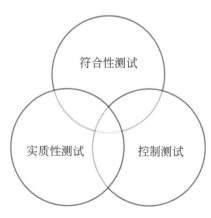

图4-51　审计测试方式

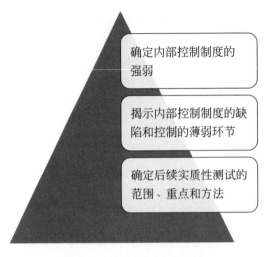

图4-52 符合性测试的目的

内部审计人员在开展符合性测试时,通常采用的方法主要包括3类,如图4-53所示。

证据检查法	穿行试验法	实地观察法
• 即内部审计人员根据测试的目的,抽取一定数量的账表、凭证等书面证据和其他有关证据,以检查验证其有关控制措施是否得到有效贯彻执行的一种方法 • 被审单位内部控制的执行情况总要在一定的证据上表现出来,因此,内部审计人员通过一定数量的证据检查,可以证明被审单位内部控制的实际执行情况	• 即内部指审计人员根据测试目的,有选择地抽取某项控制的几笔业务,按照被审单位规定的业务处理程序,从头到尾地重做一遍,然后将其结果与被审单位的业务处理结果相比较,以判断控制措施的执行情况的一种方法	• 即内部审计人员根据测试目的,到被测试项目的工作现场实地观察有关人员的实际工作情况,以检查验证其规定的控制措施是否得到严格执行的一种方法 • 该法有一定的局限性,在实际工作中一般应结合其他方法一并进行

图4-53 符合性测试的具体方法

2)控制测试

与符合性测试相同,控制测试的测试对象也是企业内控的执行情况,但控制测试主要是在企业风险审计工作中使用,其测试目的在于评价控制企业本身风险水平的高低。

3）实质性测试

实质性测试指的是内部审计人员为检查直接影响财务报表金额正确性的错误或不合法金额所设计的一种审计程序。

实质性测试的目的是取得有关会计事项和账户余额的会计处理，找到其中有关舞弊和差错的会计处理不妥当的证据。

实质性测试主要包括3种测试方式，如表4-24所列。

表4-24　实质性测试的具体测试方式

测试方式	含义	示例
交易实质性测试	交易实质性测试指的是为判断被审单位的会计交易在日记账中是否正确记录和汇总，是否正确过入明细账和总账而设计的一种审计程序	例如，内部审计人员执行交易实质性测试可以用来检查已记录的交易是否存在和已发生的交易是否被记录，也可以通过该测试确定已记录的销货交易是否正确、是否记入恰当的期间、分类是否正确、汇总是否正确和是否过入正确的账户。如果内部审计人员确信交易在日记账中已做正确记录并正确过账，那么就能确保总账的合计数是正确的
分析性测试	分析性测试指的是内部审计人员通过对财务数据和非财务数据之间可能存在的合理关系的研究而形成的对财务信息的评价。 实际上，分析性测试是将账面金额同内部审计人员确定的期望值进行比较。 内部审计人员开展分析性测试的目的在于：了解被审单位的行业或业务、评价企业继续经营的能力、显示财务报表中可能存在的错报、减少余额详细测试。这些测试结果有助于内部审计人员确定其他测试的范围	例如，如果内部审计人员通过开展分析性测试表明可能存在错误，就需要开展更为广泛的调查，但如果通过分析性测试没有发现重大差异或没有差异，则可相应减少其他测试
余额的详细测试	余额的详细测试指的是内部审计人员为检查账户期末余额的正确性而设计并开展的一种审计程序。 在审计实践中，内部审计人员对于期末余额的测试至关重要，因为这种测试所收集的证据大多来自独立于被审单位的第三方（包括单位和个人），其价值与质量通常较高，能够大大提升内部审计工作的可信度与公信力	例如，内部审计人员直接向顾客函证应收账款数目，进而对存货开展实物检查，检查供货单位的对账单以检查应付账款等

4.6 第六步：编写审计工作底稿

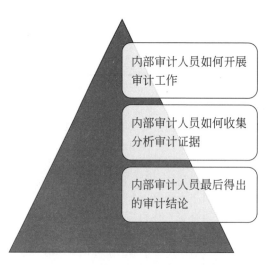

图4-54 审计工作底稿的主要内容

根据《第2104号内部审计具体准则——审计工作底稿》，审计工作底稿是内部审计人员在审计过程中所形成的工作记录。

在实践中，审计工作底稿主要记录3个方面的内容，如图4-54所示。

审计工作底稿可以说是内部审计人员从开始内部审计工作到最终审计结束这期间所实施的一系列审计工作的记录。

总而言之，对于内部审计工作来说，审计工作底稿能够帮助内部审计人员有效把控整个内部审计项目的工作质量。

4.6.1 编制审计工作底稿的目的

根据《第2104号内部审计具体准则——审计工作底稿》，内部审计人员在审计工作中应当编制审计工作底稿，以达到5个方面的目的，如表4-25所列。

表4-25 编制审计工作底稿的目的

序号	编制审计工作底稿的目的	具体内容
1	为编制审计报告提供依据	审计工作底稿客观承载着开展内部审计工作时获取的审计证据，这样客观、有效的记录方式能够为内部审计人员后续编制审计报告提供充分的依据
2	证明审计目标的实现程度	审计工作底稿上记载着审计程序的执行过程与结果、审计结论、意见与建议等要素，能够客观证明审计目标的实现程度
3	为检查和评价内部审计工作质量提供依据	审计工作底稿记录着审计事项、审计程序执行结果、审计结论与建议、审计人员名称、复核人员名称与复核意见等，能够为企业管理层和内部审计部门后续检查与评价该项内部审计工作的开展情况与工作质量提供客观的依据

续表

序号	编制审计工作底稿的目的	具体内容
4	证明内部审计机构和内部审计人员是否遵循内部审计准则	审计工作底稿的各类要素能够客观反映内部审计机构（部门）与内部审计人员如何开展内部审计工作，从而能够证明内部审计机构和内部审计人员是否遵循内部审计准则，审计工作是否存在偏颇或是违规的情况，这对于内部审计机构与内部审计人员来说也是一种行为约束
5	为以后的审计工作提供参考	从本质上说，审计工作底稿起着连接审计证据与审计结论的桥梁作用，是内部审计人员最终撰写审计报告和做出审计决定的客观依据。内部审计人员可以在审计结束后依据审计工作底稿复盘与回顾本次审计项目启动、实施到最终结项过程中的工作要点，做到及时总结，为下一次内部审计项目的开展提供参考

4.6.2 审计工作底稿的分类

由于审计工作本身环节较多、步骤复杂，审计工作底稿内容也存在各种类型，下面就来简单介绍一下。

（1）按形式分类

审计工作底稿按照形式不同可分为表格类审计工作底稿、画图类审计工作底稿和文稿类审计工作底稿3类，如图4-55所示。

表格类审计工作底稿
主要是指以表格形式出现的，能够客观反映某些科目、栏目、板块数据的，内部审计人员可据此进行计算、汇总、分析等的审计工作底稿

画图类审计工作底稿
主要是指以流程图、图画等形式出现的，能够客观反映某种步骤、先后次序或是合理有序解释某项审计事项的审计工作底稿

文稿类审计工作底稿
主要是指以机打文字、笔录等形式出现的，客观反映某项审计事项状况的审计工作底稿，包括但不限于：审计人员的记录、摘抄、结论或是被审计单位或相关人员提供的与审计事项相关的文件资料

图4-55　审计工作底稿类型（按形式分类）

（2）按职能分类

审计工作底稿按照职能不同可分为一般审计工作底稿和专用审计工作底稿，如图4-56所示。

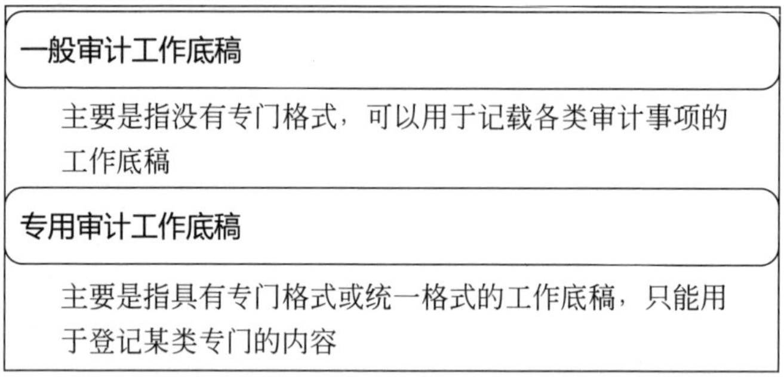

- **一般审计工作底稿**
  主要是指没有专门格式，可以用于记载各类审计事项的工作底稿
- **专用审计工作底稿**
  主要是指具有专门格式或统一格式的工作底稿，只能用于登记某类专门的内容

图4-56　审计工作底稿类型（按职能分类）

（3）按类别分类

审计工作底稿按照类别不同可分为综合类审计工作底稿、业务类审计工作底稿和备查类审计工作底稿，如图4-57所示。

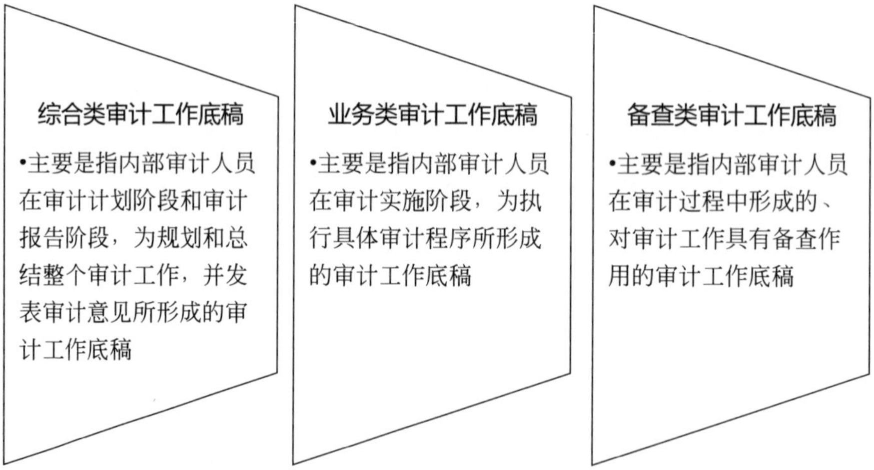

- **综合类审计工作底稿**
  - 主要是指内部审计人员在审计计划阶段和审计报告阶段，为规划和总结整个审计工作，并发表审计意见所形成的审计工作底稿
- **业务类审计工作底稿**
  - 主要是指内部审计人员在审计实施阶段，为执行具体审计程序所形成的审计工作底稿
- **备查类审计工作底稿**
  - 主要是指内部审计人员在审计过程中形成的、对审计工作具有备查作用的审计工作底稿

图4-57　审计工作底稿类型（按类别分类）

4.6.3　审计工作底稿的编辑与撰写

编制审计工作底稿是内部审计工作的重要环节之一，它对于内部审计人员的

专业能力与实务经验要求较高，且在内部审计工作实践中，往往会出现以下2类问题，如图4-58所示。

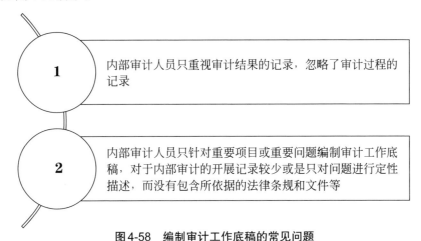

图4-58　编制审计工作底稿的常见问题

上述审计工作底稿不规范现象都会直接影响内部审计报告的最终质量。下面将详细讲解编制审计工作底稿时的注意事项，如表4-26所列。

表4-26　编制审计工作底稿的注意事项

编制审计工作底稿的注意事项	具体内容
项目名称明确完整	被审计单位的名称或被审计的项目名称应当填写完整，注意不要漏写或简写，应当写清楚单位和项目的全称
审计内容清晰简练	在实施审计工作之前，应先制订审计实施方案，对审计计划、审计内容、时间节点、审计期间、具体安排等描述清楚。描述的语言应当准确、简练、清晰，易于理解，不存在歧义
明确审计人员和编制日期	编制审计工作底稿的人员和编制日期应当记录清晰，便于日后查找审计责任人和日期等
谨慎做出审计结论	审计结论是最终审计报告的直接依据，必须经过必要的审计程序并依据充分的证据和专业判断后方可做出审计结论。审计结论应清晰、简明表述，不能含糊其词、模棱两可。内部审计人员不可根据自己的个人习惯给问题定性取名，一定要以高度责任心和谨慎的态度做出专业结论
问题摘要清晰简练	审计过程中发现的问题应当描述清楚，注意问题发生前后逻辑关系，事件、地点、金额、数量等关键要素要清晰、准确、简练
定性及处理处罚依据充分完整	在确定审计结论时，其定性依据要充分、准确，不可擅自夸大事实或就重避轻，随意定性，应当有专业文件或规定作为对应的处罚依据，且引用的法律条规应当完整

续表

编制审计工作底稿的注意事项	具体内容
复核流程完整	复核人员在履行正常的复核程序后,应当填写完整的复核意见,包括复核过程中发现的问题、处理意见、复核人员签名;检查工作底稿内容是否完备,所附的审计证据是否充分,工作底稿中记录的事项、时间、数据、计算方法等资料是否准确、是否前后矛盾,观点罗列是否清晰、用词准确、格式规范
统一连续编制索引号及页次	索引号和页次编号共同构成审计底稿唯一的标识符号。编制索引号和页次时要统一、连续编号,编号应当具有唯一性,能区分底稿的类型或性质,同时还能辨识不同底稿之间的关联作用或勾稽关系,还要注意与引用的证据材料通过索引号建立对应关系,方便日后查找
附件完整	审计工作底稿所附的审计证据材料及相关资料应当及时收集完整,每个审计工作底稿后必须附有审计证据材料,审计证据材料也可同时对应多个审计工作底稿

第 5 章

企业内部审计项目分类

对企业内部审计项目进行分类是审计工作本身的要求,既可以确保审计项目的实施落地,又有利于提高审计工作质量和效益。尤其是处于重中之重地位的财务审计,做好财务审计可以避免财务舞弊、确保各项财务数据真实、合法、合规。本章将重点介绍企业中常见内部审计项目的分类。

5.1　企业内部审计项目概述

企业内部审计项目广义上是指企业内部审计部门所要检查和评价的所有内容。狭义上讲,这些内容通常是指被审计部门的经济活动,通过对经济活动的检查和评价,来判断这些活动是否合法,是否符合企业利益,所采用各种资料是是否真实、可靠。

按照审计对象划分,企业内部审计项目主要包括6大类别,具体如表5-1所列。

表5-1　内部审计项目分类

企业内部审计项目	具体内容
会计凭证与账簿审计	会计凭证审计、会计账簿审计
资产类账户审计	货币资金审计、应收款项审计、存货审计、固定资产审计、无形资产审计以及长期待摊费用审计
负债类账户审计	短期借款审计、长期借款审计、应付款项审计、应交税费审计
所有者权益类账户审计	实收资本审计、资本公积审计、盈余公积审计、利润分配审计
成本类账户审计	生产成本审计、制造费用审计、研发支出审计
财务报表审计	资产负债表审计、利润表审计、现金流量表审计、所有者权益变动表审计

5.2　会计凭证与账簿审计

会计凭证是指企业会计人员记录经济业务发生或者完成情况的书面证明,是登记账簿的依据。会计账簿是指以会计凭证为依据,对全部经济业务进行全面、系统、连续、分类记录和核算的簿籍,是由专门格式并以一定形式联结在一起的账页所组成的簿籍。

企业会计报表是依据会计账簿制订的,可以看出,会计报表反映的财务指标和企业经营状况的真实性取决于会计凭证和会计账簿的真实性,这将影响企业利润核算与经营管理,因此开展会计凭证与账簿审计是非常必要的。

会计凭证与账簿审计内容具体如图5-1所示。

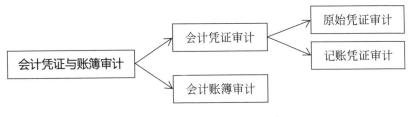

图5-1　会计凭证与账簿审计

5.2.1　会计凭证审计

（1）原始凭证审计

原始凭证指的是在经济业务发生时取得或填制，用以记录和证明经济业务的发生和完成情况的最初的书面证明。原始凭证审计就是对原始凭证的真实性、完整性、合法性进行的审计。

企业任何一项经济活动和财务收支中的错误和弊端，往往表现在原始凭证上，因此企业对原始凭证的审计显得尤为重要，审计人员必须重视起来。

原始凭证审计要点主要包括以下2个方面内容，如表5-2所列。

表5-2　原始凭证审计要点

凭证类型	审计要点
外来原始凭证审计	（1）检查原始凭证的一般要素 查明凭证的名称、单位抬头、开出日期、品名、数量、规格、单价、金额等项目是否齐全。 （2）检查原始凭证的数字要素 查明数字书写是否正确，数量和单价相乘之积，是否与细数金额相等；细数金额相加之和，是否与总金额相符；大小写是否一致。 （3）检查原始凭证的时间要素 查明经济事项发生时间的可能性与合理性，如同一内容或同一金额的经济事项同时出现，相近的流水号相继出现，正附联发货票同时出现，要注意查清是否存在虚假。 （4）检查原始凭证的规范要素 查明凭证是否正规、有无税务部门的监制章和销售部门的收讫章；办理银行结转，有无国家统一规定的凭证。 （5）检查原始凭证的合法性要素 查明付款数额和付款对象，是否符合现金管理制度规定；凭证所列内容，有无违反财经纪律，限额控购商品是否超过定额和履行批准手续；开支内容是否与开支计划、经济合同规定的内容相吻合，有无突破预算或定额的问题。 （6）检查原始凭证的真实情况 查明有无合法凭证掩盖下的不真实经济活动，有无伪造的假凭证现象。对真实性要素要注意检查以下问题：主随客便，真票假名；无中生有，虚列支出；内外勾结，双方得利；公私同票，瞒天过海；涂改刮擦，蒙混过关

续表

凭证类型	审计要点
自制原始凭证审计	外来原始凭证审计的内容都适用于自制原始凭证审计。此外,自制原始凭证还要注意以下内容的检查,包括: (1)检查收款收据的印制 检查收款收据的印制是否按照规定的印制权限和有关要求印制;印制收据是否连续编号;收据的每联是否标明监制单位和注明用途;在支款凭证上是否注明"无财务专用章无效"等内容。 (2)检查收款收据的使用和保存 检查收款收据(物资价拨单),是否由印制单位后勤财务部门或事业部门统一登记、发放,并由领取人或发放人签章;收据用完后,是否按规定保存备查,有无随意销毁现象。 (3)检查使用过的收款收据 检查使用过的收据存根、号码是否连续,有无缺本少页;作废的收据,是否与存根一并保存,并加盖"作废"印章

内部审计人员在进行原始凭证审计时还要特别关注下列8个问题:

① 内容记载不清,故意掩盖事实;
② 单位抬头非本单位;
③ 单价、数量与金额勾稽关系不正确;
④ 收款单位未盖章;
⑤ 所附发票为假,或开阴阳发票;
⑥ 领导签字为假;
⑦ 凭证要素涂抹;
⑧ 整理和粘贴凭证时将个别原始凭证抽出后重复报销,或在汇总时多汇或少汇,贪污差额。

(2)记账凭证审计

记账凭证是根据经审核确认无误的原始凭证或汇总原始凭证填制的,记载企业各项经济业务简要内容,用以确定会计分录并作为记账依据的会计凭证。记账凭证审计就是对记账凭证填制的正确性、完整性及其所附原始凭证的完整性、正确性、合法性进行的审计,同时还需检查原始凭证与记账凭证的填制是否匹配。

在审计记账凭证时有3个要点需要抓住,具体如表5-3所示。

表5-3 记账凭证审计要点

凭证类型	审计要点
记账凭证	凭证是否附有完整、合法、正确的原始凭证,记账凭证反映的内容与所附原始凭证的内容是否相符
	凭证所确定的应借、应贷会计科目的名称、记账方向、金额是否正确,账户的对应关系是否清晰
	凭证中的有关项目是否填列齐全,手续是否完备,签章是否齐全

与审计原始凭证一样，内部审计人员审计记账凭证时也要注意其常见的问题，具体有以下3个。

1）凭空编制

凭空编制即行为人在没有收款、付款业务情况下凭空编制收款、付款业务的记账凭证和凭空编制转账业务的记账凭证进行会计处理，从而达到多记收支、调节收益和转移资金等舞弊的目的。

2）故意混淆科目对应关系

故意混淆科目对应关系即行为人在编制记账凭证时故意混淆科目对应关系，以达到搞乱账目、混水摸鱼的舞弊目的。

3）记账凭证金额与所附原始凭证金额不符

记账凭证金额与所附原始凭证金额不符即行为人在编制记账凭证时，采取记账凭证所列金额与所附原始凭证合计金额不符的手法，故意多记开支和少记收入。该舞弊方式在会计、出纳一人兼的单位尤为突出。

5.2.2 会计账簿审计

会计账簿是以会计凭证为依据登记的，用以全面、连续和系统地记录和反映经济业务的簿籍。企业会计核算的大量工作集中并反映于会计账簿之中，对会计账簿进行分析对于保证会计信息真实性、考核被查单位会计工作质量、制订凭证和报表等各方面的工作都具有重要意义。

在开展对账簿的审计前，审计人员需要了解会计账簿的组成、登记规则、登记要求等，以便后续审计工作的展开。

（1）会计账簿的组成

会计账簿的组成包含3个部分，如图5-2所示。

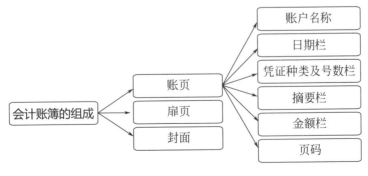

图5-2　会计账簿的组成

（2）会计账簿的登记规则

1）依据

为了保证账簿记录的真实、正确，必须根据审核无误的会计凭证登账。各单位每天发生的各种经济业务，都要记账，记账的依据是会计凭证。

2）登记周期

各种账簿应当每隔多长时间登记一次，没有统一的规定，不同的账簿登记周期不一样。不过，业界也有个常规做法，如图5-3所示。

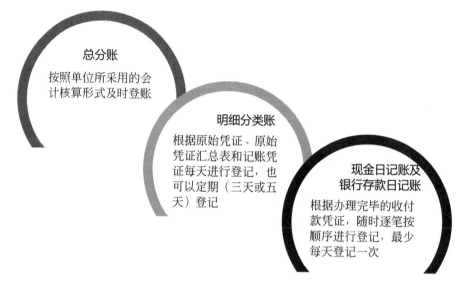

图5-3　会计账簿登记周期的常规做法

（3）会计账簿的登记要求

会计账簿登记是有严格要求的，不能马虎，任何一点疏忽都有可能造成重大的问题。常见的登记要求有以下6项，如表5-4所列。

表5-4　登记账簿的规范要求

规范要求	具体内容
登记要素完整正确	登记账簿时，应当将会计凭证日期、编号、业务内容摘要、金额和其他有关资料逐项记入账内，同时记账人员要在记账凭证上签名或者盖章，并注明已经登账的符号（如打"√"），防止漏记、重记和错记情况的发生
连续登记	各种账簿要按账页顺序连续登记，不得跳行、隔页。如发生跳行、隔页，应将空行、空页画线注销，或注明"此行空白"或"此页空白"字样，并由记账人员签名或盖章

续表

规范要求	具体内容
书写正确	登记账簿时，要用蓝黑墨水或者碳素墨水书写，不得用圆珠笔（银行的复写账簿除外）或者铅笔书写。 红色墨水只能用于制度规定的"按红字冲账的记账凭证；在不设减少金额栏的多栏式账页中，登记减少数；在三栏式账户的余额栏前，如未印明余额方向的，在余额栏内登记负数金额"等情况
登记规范	记账要保持清晰、整洁，记账文字和数字要端正、清楚、书写规范，一般应占账簿格距的1/2，以便留有改错的空间
定期结出余额	凡需结出余额的账户，应当定期结出余额。现金日记账和银行存款日记账必须每天结出余额。结出余额后，应在"借或贷"栏内写明"借"或"贷"的字样。没有余额的账户，应在该栏内写"平"字并在余额栏"元"位上用"0"表示
转页规范	每登记满一张账页结转下页时，应当结出本页合计数和余额，写在本页最后一行和下页第一行有关栏内，并在本页的摘要栏内注明"转后页"字样，在次页的摘要栏内注明"承前页"字样

（4）会计账簿的审计要点

结合以上内容，也可总结出会计账簿审计的要点，这些要点可以概括为以下6个，如图5-4所示。

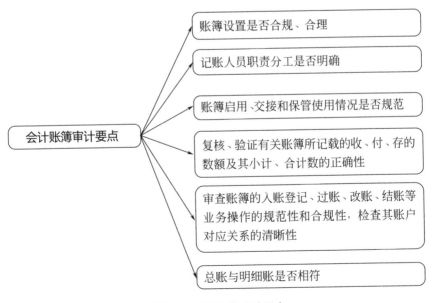

图5-4 会计账簿审计要点

5.3 资产类账户审计

资产类账户是用来核算各类资产的增减变动及结存情况的账户。通过对资产账户进行审计能够帮助企业了解各类资金、账款、资产等的真实性、合法性、合规性,这将影响到企业会计报表的真实性以及企业后续经营决策的正确性。

资产类账户审计包括以下6个方面,如图5-5所示。

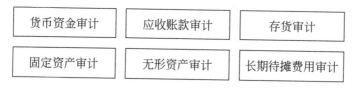

图5-5 资产类账户审计的内容

5.3.1 货币资金审计

货币资金审计是指对企业的现金、银行存款和其他货币资金收付业务及其结存情况的真实性、正确性和合法性所进行的审计。

开展货币资金审计,评审货币资金内控制度的健全性和有效性,检查货币资金结存数额的真实性和货币资金收付业务的合法性,对于企业而言有着重要的意义,主要包含4个方面,如图5-6所示。

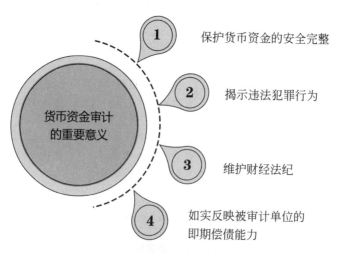

图5-6 货币资金审计的重要意义

货币资金审计如此重要，那么企业如何具体开展呢？下面我们首先来介绍一下货币资金审计的内容要点。货币资金审计主要包括以下5个方面，如表5-5所列。

表5-5　货币资金审计的要点

货币资金审计要点	确定货币资金是否存在
	确定货币资金的收支记录是否完整
	确定货币资金是否为被审计单位拥有或控制
	确定库存现金、银行存款以及其他货币资金的余额是否正确
	确定货币资金在会计报表上的披露是否恰当

针对上述货币资金审计的内容要点，企业还应遵循一定的审计程序来启动与推进货币资金审计。在审计实践中，货币资金审计的程序主要包含以下10个步骤，如表5-6所列。

表5-6　货币资金审计的程序

序号	步骤名称	具体内容
1	核对余额	核对库存现金日记账、银行存款日记账与总账、明细账的余额是否相符
2	盘点实物	会同被审计单位主管会计人员监盘库存现金，编制库存现金盘点表，分币种面值列示盘点金额，由被审计单位出纳完成； 在资产负债表日之后进行盘点时，应倒推至资产负债表日的金额； 盘点金额与现金日记账户余额进行核对，如有差异，应查明原因并做出记录或做适当调整； 若有充抵库存现金的借条、未提现支票、未做报销的原始凭证，需在盘点表中注明或做出必要的调整
3	账表对比	获取资产负债表日的"银行存款余额调节表"，并与被审计单位的银行存款明细账对比是否相符，若有差异，应查明原因，做出记录或做适当调整
4	检查调节表	检查"银行存款余额调节表"中未达账项的真实性，以及资产负债表日之后的进账情况，若存在应于资产负债表日前进账的应做相应调整
5	函证银行存款	向所有银行存款户（含外埠存款、银行汇票存款、银行本票存款）函证年末余额（含零余额账户和本年内注销的账户）
6	检查定期存款	银行存款中，如有一年以上的定期存款或限定用途的存款，要查明情况，做出记录
7	抽查凭证	抽查大额现金收支、银行存款（含外埠存款、银行汇票存款、银行本票存款）支出的原始凭证内容是否完整，有无授权批准，并核对相关账户的进账情况，如有与委托人生产经营业务无关的收支事项，应查明原因，并做相应记录

续表

序号	步骤名称	具体内容
8	检查跨期收支	抽查资产负债表日前后若干天的大额现金、银行存款收支凭证，如有跨期收支事项，应做适当调整
9	检查汇率折算	检查非记账本位币折合记账本位币所采用的折算汇率是否正确，折算差额是否已按规定进行会计处理
10	验明货币资金	验明货币资金是否已在资产负债表上恰当披露

5.3.2 应收款项审计

应收账款指的是企业因销售商品、产品或提供劳务而形成的债权，即由于企业销售商品、产品或提供劳务等原因，应向购货客户或接受劳务的客户收取的款项或代垫的运杂费等，是企业在信誉活动中所形成的各种债权性资产。

应收账款审计是做好资产、负债、损益审计工作的主要内容之一，对于加速企业资金周转、减少资金占用、提高资金利用率、促进资产保值增值都具有重要意义。

在审计实践中，应收账款审计的程序通常包含以下11个步骤，如图5-7所示。

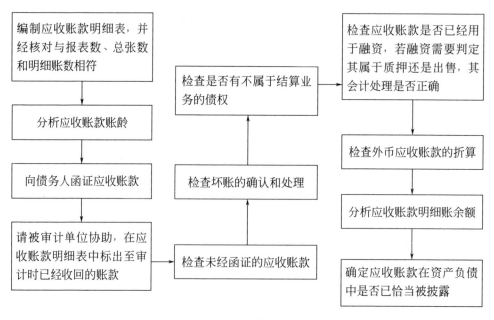

图5-7 应收账款审计程序

基于上述审计程序和步骤，企业在具体开展应收账款审计时主要围绕以下7个方面的审计要点进行，如表5-7所列。

表5-7 应收账款审计的要点

审计要点	具体内容
入账金额的准确性	在存在销售折扣与折让情况下，应收账款的入账金额是否采用总价法； 是否有按净价法入账的情况，以达到推迟纳税的目的； 审计人员应复核有关销售发票，看其与应收账款、主营业务收入等账户记录是否一致
科目使用的正确性	"应收账款"有无与"应收票据""预付账款""其他应收款"等科目相混淆的现象
是否虚增	是否虚增应收账款以调节利润，夸大经营成果； 是否将未实现销售的产品做虚假销售，将这部分"收入"通过"应收账款"科目挂账； 审计人员应重点检查分析原始凭证及科目对应关系
是否转移资金	是否利用"应收账款"科目转移资金； 是否故意将本企业资金或产成品（商品）以"销售"或"劳务""外借"等名义转移到外地某关系单位，然后通过该关系单位的配合将这部分资金、物资挪作他用或者私分
坏账准备计提的准确性	企业是否少提或多提坏账准备，人为调节利润
坏账损失确认及账务处理的合规性	坏账损失的确认及其账务处理是否符合准则规定； 审计人员必须对坏账损失的确认和处理严格审计，防止违纪现象的发生； 审计人员应重点分析应收账款的账龄，查询债务单位是否有偿还能力，回收措施是否得力，核销坏账的证据是否充分等
入账的正确性	是否将已收到的应收账款不入账或推迟入账时间，以达到挪作他用，甚至据为己有的目的； 是否存在员工利用手中的权力和工作上的便利条件，周旋于本企业和外地客户之间，将收取的货款用于个人经营活动，或利用收款和入账的"时间差"将款项存入银行从中渔利； 审计时可向对方单位发函询证或派人核对，查明本单位应收账款是否与对方实际欠款金额相吻合，如果不一致应进一步查明原因

5.3.3 存货审计

存货审计是指对存货增减变动及结存情况的真实性、合法性和正确性进行的审计。

存货审计直接影响着财务状况的客观反映，对企业而言其重要意义在于以下4

个方面，如表5-8所示。

表5-8 存货审计的意义

序号	存货审计的意义
1	揭示存货业务中的差错弊端
2	保护存货的安全完整
3	降低产品成本和费用
4	提高企业经济效益

此外，对于企业而言，存货审计与其他的资产项目审计相比较为复杂，主要体现在以下3个方面，如图5-8所示。

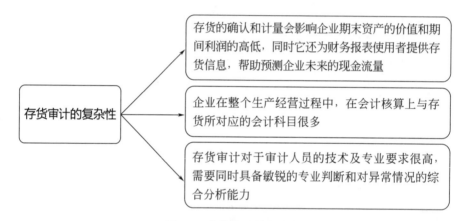

图5-8 存货审计的复杂性

在存货审计实践中，按照业务类别，企业存货审计主要包括以下4个方面内容，如图5-9所示。

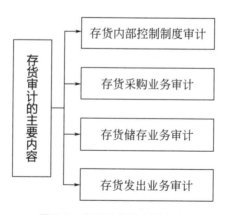

图5-9 存货审计的主要内容

鉴于存货审计本身的复杂性和类别的多样性，审计人员在进行存货审计时应重点关注以下5个方面，如图5-10所示。

图5-10 存货审计的重点

下面就来介绍一下不同的存货审计内容所对应的审计要点。

首先，存货内控制度审计是对存货管理的制度与体系所开展的基础性审计，其审计要点主要包括以下4个方面，如图5-11所示。

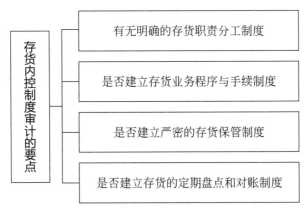

图5-11 存货内控制度审计要点

其次，存货采购业务审计主要是针对企业存货采购业务开展的审计，其审计要点主要包括以下5个方面，如图5-12所示。

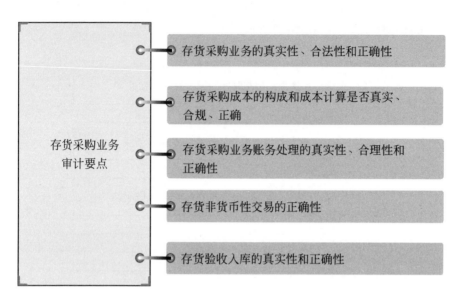

图5-12 存货采购业务审计的要点

再次，存货储存业务审计是主要针对企业存货储存管理开展的审计，其审计要点主要包括以下4个方面，如图5-13所示。

图5-13 存货储存业务审计要点

最后，存货发出业务审计是针对企业存货发出活动开展的审计，其审计要点主要包括以下3个方面，如图5-14所示。

```
┌─ 存货发出业务的真实性、合法性和正确性
│
│  • 存货发出业务是否以计划、定额、合同为依据，并办理了审批手续
│  • 存货发出业务的凭证和手续是否合规、齐全
│  • 存货发出的数量是否合理、正确

┌─ 存货发出成本的合规性和正确性
│
│  • 存货发出成本的计价方法是否符合会计制度的规定
│  • 存货发出成本的计价是否正确
│  • 存货计价方法是否遵循了一贯性原则，有无随意变更方法，造成成
│    本不实，进而造成利润虚假的问题

┌─ 存货发出业务账务处理的真实性、合规性和正确性
│
│  • 存货发出业务账务是否存在弄虚作假、营私舞弊等行为
```

图 5-14　存货发出业务审计的要点

5.3.4　固定资产审计

固定资产审计指的是对固定资产购建、使用、折旧、实有数、调拨、报废、清理的审计。在审计实践中，由于企业固定资产往往购置成本高、金额大，同时还存在折旧等账务处理问题，一旦管理不善出现数据错误或是人为恶意篡改数据，对于企业所有者和投资者而言，其问题严重程度非同一般。

企业固定资产审计主要包括以下 6 个方面的内容，如表 5-9 所示。

表 5-9　固定资产审计的主要内容

固定资产审计的主要内容	检查固定资产是否存在
	检查固定资产是否归被审计单位所有或实质控制
	检查固定资产计价是否合理
	检查固定资产增减变动情况
	检查固定资产期末余额是否正确
	检查披露是否充分

基于上述审计关注内容，在固定资产审计实践中，企业内部审计人员应着重审计以下 5 个要点，如图 5-15 所示。

固定资产事项的真实性

- 检查固定资产的出售、报废、毁损是否转入固定资产清理予以冲销
- 检查向其他单位投资转出固定资产是否转入长期投资
- 检查经营租入固定资产是否增加企业固定资产账

固定资产事项的完整性

- 检查已完工不结转固定资产和融资租赁固定资产不入固定资产账的情况

固定资产账务的正确性

- 检查固定资产总账、明细账以及实物资产的一致性
- 必要时可对固定资产进行监督盘点

固定资产事项的合法性

- 检查固定资产增减变动的批准手续
- 检查固定资产入账价值确定的合规性、合法性
- 查明折旧方法及其运用的合法性

固定资产事项的充分揭示性

- 检查会计报表对折旧方法、固定资产增减变动、资产租赁抵押等情况是否做了必要的说明

图5-15　固定资产审计的要点

5.3.5　无形资产审计

无形资产指的是企业拥有或者控制的没有实物形态的可辨认非货币性资产，主要包括专利权、非专利技术、商标权、著作权、土地使用权、特许权等。按照审计对象来分，企业无形资产审计主要包括以下9项内容，如图5-16所示。

企业开展无形资产审计能够加强无形资产的开发与管理，提升企业竞争力，提高企业经济效益。对无形资产及其管理开展的审计，对于企业而言非常重要，其重要性主要表现在以下3个方面，如表5-10所列。

无形资产内部控制审计	企业研究开发与产业化经费审计	企业与外部无形资产联合开发审计
企业内部无形资产联合开发审计	企业信息网络管理审计	企业人才激励创新机制审计
企业专利产业化制约因素审计	企业运用专利检索情况审计	企业依法维护经济权益情况审计

图 5-16 无形资产审计的主要内容

表 5-10 无形资产审计的重要性

重要性	具体内容
无形资产审计能够促进企业提高对无形资产的认识	我国企业对无形资产的战略价值仍然认识不足，无形资产审计能够促进企业提高对无形资产重要性的认识，包括： ① 企业在无形资产方面的竞争决定着企业的兴衰存亡 ② 无形资产是应对激烈的国内外市场竞争的有利武器
无形资产审计能够促进企业无形资产管理机制的形成	企业进行无形资产审计，能够促进企业提高对无形资产的认识，推动企业制订适合知识经济时代的无形资产管理机制，以加强无形资产保护，维护企业的合法权益
无形资产审计能够促进企业"以人为本"的观念的形成	无形资产审计能够促进企业管理层及企业员工观念的转变，使其认识到，知识经济条件下人才资源必然超越资本资源，人力资源将成为企业诸资源中的主导力量，企业应将"以物为中心"的管理机制转变为"以人为本"的管理机制。

鉴于无形资产本身的重要性及其审计对象的复杂性，企业无形资产审计主要检查以下 6 个方面内容，如表 5-11 所示。

表 5-11 无形资产审计检查的内容

无形资产审计检查的内容	检查无形资产是否存在
	检查无形资产是否归被审计单位所有
	检查无形资产增减变动及其摊销的记录是否完整
	检查无形资产的摊销政策是否恰当
	检查无形资产年末余额是否正确
	检查无形资产在会计报表上的披露是否恰当

在无形资产审计实践中，企业内部审计人员应着重审计以下 3 个要点，如图 5-17 所示。

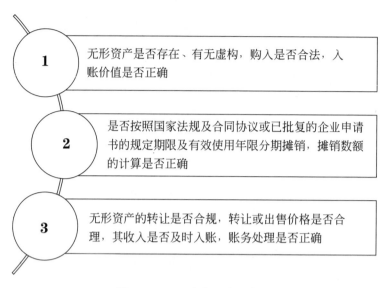

图5-17 无形资产审计的要点

为提高审计质效、降低审计风险,企业内部审计人员开展无形资产审计时应遵循一定的审计程序,通常包括以下5个步骤,如图5-18所示。

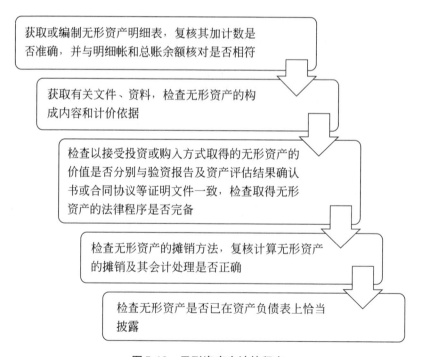

图5-18 无形资产审计的程序

5.3.6 长期待摊费用审计

长期待摊费用是指企业已经发生但应由本期和以后各期负担的分摊期限在一年以上的各项费用，如固定资产修理支出、租入固定资产的改良支出。长期待摊费用审计就是指对上述费用账户处理和管理方面的审计。

长期待摊费用由于横跨多个会计期间，一旦出现错误或主观故意造假，对于企业而言影响不容小觑。长期待摊费用审计主要包括以下5个方面内容，如图5-19所示。

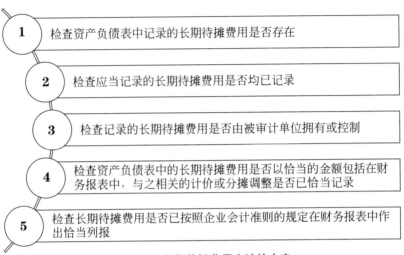

图5-19 长期待摊费用审计的内容

在审计实践中，企业内部审计人员开展长期待摊费用审计时应遵循一定的程序，主要包括以下7个步骤，如表5-12所列。

表5-12 长期待摊费用审计的程序

序号	审计程序
1	获取或编制长期待摊费用明细表，复核加计是否正确，并与总账数和明细账合计数核对是否相符，减去将于一年内（含一年）摊销的数额后与报表数核对是否相符
2	抽查长期待摊费用的原始凭证，查阅有关合同、协议等资料，确定是否真实，检查会计处理是否正确
3	检查摊销政策是否符合会计制度的规定，复核计算摊销额及相关的会计处理是否正确，前后期是否保持一致，是否存在随意调节利润的情况
4	检查被审计单位筹建期间发生的开办费是否在发生时直接计入管理费用
5	对于以经营租赁方式租入的固定资产发生的改良支出，检查相关的原始资料（如承租合同、装修合同和决算书等），确定改良支出金额是否正确，摊销期限是否合理，摊销额的计算及会计处理是否正确

续表

序号	审计程序
6	检查被审计单位是否将预期不能为其带来经济利益的长期待摊费用项目的摊余价值予以转销
7	检查长期待摊费用是否已按照企业会计准则的规定在财务报表中作出恰当列报,注意剩余摊销期在一年以内的长期待摊费用是否在资产负债表中的"一年内到期的非流动资产"项目中得以反映

5.4 负债类账户审计

负债类账户是反映企业所承担的债务的账户,反映了企业的资金来源。负债类账户审计能够帮助企业了解负债类科目金额的正确性、账户处理的合理性。

在审计实践中,资产类账户审计更关注资产是否真实存在、所有权是否被经营者侵犯,而负债类审计则更关注负债是否低估、计提是否准确,因为一旦出现错误,将严重影响企业所有者权益的准确性。

负债类账户审计主要包括以下4个项目,如图5-20所示。

图5-20 负债类账户审计的内容

5.4.1 短期借款审计

短期借款指的是企业为了生产经营的需要,弥补流动资金的不足,而向银行和其他金融机构借入的偿还期在一年以内的各种借款。短期借款审计就是对企业借入的期限在一年以内的各种借款进行的审计。

审计人员对于短期借款的审计,主要从其会计期末余额的金额、占负债总额比例的大小、往年检查发现问题的概率、相关的内控制度的强弱程度以及企业的理财业务等方面入手。短期借款审计的内容主要包括以下4个方面,如图5-21所示。

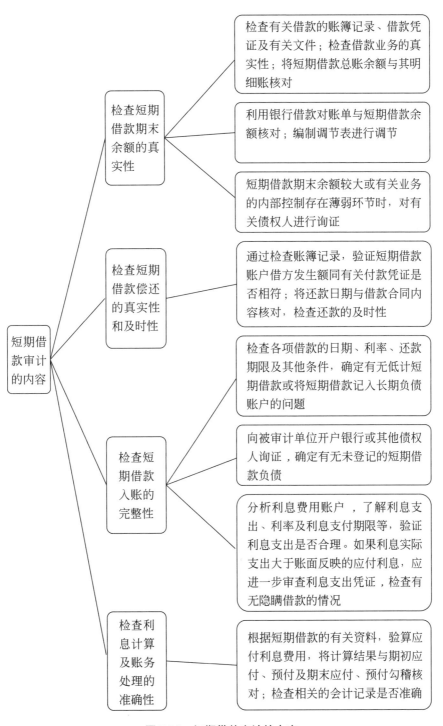

图 5-21 短期借款审计的内容

在审计实践中，企业内部审计人员开展短期借款审计时应遵循一定的审计程序，包括以下8个步骤，如图5-22所示。

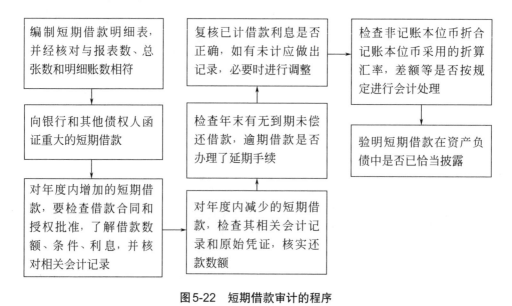

图5-22　短期借款审计的程序

5.4.2　长期借款审计

长期借款指的是企业向金融机构和其他单位借入的偿还期限在一年或超过一年的一个营业周期以上的债务。长期借款审计就是对企业借入的期限一年以上（含一年）的各种借款进行的审计。

长期借款科目出现错误不但影响企业债务金额的准确性，还影响到债权人的利益，因此对其开展审计工作是非常必要的。长期借款审计主要包括以下3个方面内容，如表5-13所示。

表5-13　长期借款审计的内容

序号	长期借款审计的内容
1	检查长期借款借入、偿还及计息的记录是否完整
2	检查长期借款的年末余额是否正确
3	检查长期借款在会计报表上的披露是否充分

在审计实践中，企业内部审计人员开展长期借款审计时应重点审计以下5个要点，如表5-14所示。

表5-14　长期借款审计的要点

长期借款审计的要点	检查借款的记录、凭证、银行借款对账单及有关文件，在长期借款期末余额较大或有关业务的内部控制存在薄弱环节时，向有关债权人进行函证，以确定借款业务的真实性
	检查记录，核对还款日期与借款合同，确定还款的及时性，如逾期偿还需查明原因和责任
	检查借款转期的账务处理是否真实，转期手续是否齐备
	检查各项借款的日期、利率、还款期限及其他条件，确定长期借款记录的完整性及正确性
	根据长期借款的有关资料，验算应付利息费用，验证利息计算及账务处理的正确性，如发现合同规定利率明显偏离市场利率，应做进一步审核

由于长期借款跨期间且处理复杂，企业内部审计人员开展长期借款审计时应遵循一定的审计程序，主要包括以下5个步骤，如表5-15所列。

表5-15　长期借款审计的程序

序号	步骤名称	具体内容
1	编制长期借款及利息费用明细表	复核加计数是否正确，并与报表数、总账数和明细账合计数核对相符
2	询证长期借款	若长期借款期末余额较大，或有关业务内控有薄弱环节，应向贷款银行或其他金融机构发函询证借款额、借款利率、已偿还数额及利息支付情况等
3	验证长期借款期末余额	检查账簿记录，验证长期借款期末余额与相关的原始凭证上反映的余额是否一致
4	检查长期借款抵押、担保情况	① 检查抵押资产是否确实存在； ② 检查该资产抵押前的所有权是否确为企业所有； ③ 检查资产价值和实际状况是否与借款合同的规定相一致； ④ 若借款有担保人时，检查担保人是否符合法定要求
5	检查未入账负债	① 查阅企业管理当局的会议记录，了解企业决定筹集的全部债务资金的来源； ② 向被审计单位索取债务说明书； ③ 向债权人询证负债金额； ④ 分析利息费用账户，验证利息支出是否合理，确定实际支出利息是否大于账面反映的应付利息，以查明有无付款利息来自未入账的长期负债； ⑤ 检查取得资产的融资方式、复核货币资金的收入来源等，通过审核银行存款余额调节表的未达账项确认借款不入账、支出不入账的问题

5.4.3 应付款项审计

应付款项指的是企业因购买材料、商品或接受劳务供应等经营活动而出现的应付未付或暂收款项。应付款项审计指的是对上述款项的真实性、合法性进行的审计。按照对象类别，应付款项审计主要包括以下3个项目，如图5-23所示。

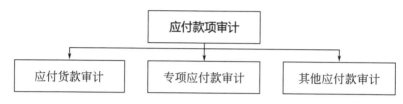

图5-23 应付款项审计的内容

与长期借款相同，应付账款同时影响企业债务处理与债权人的利益，因此开展应付款项审计能够帮助企业通过对债务的真实性、合法性的查证，纠正结算业务中的错弊，防范不法行为，维护结算纪律，及时结清债务。

在审计实践中，应付款项审计的要点主要包括以下3个方面，如表5-16所列。

表5-16 应付款项审计的要点

审计要点	具体内容
检查应付手续费	检查应付未付手续费是否按有关规定计提。 检查有无明确的应付对象，未付的原因是什么。 检查是否按险别和支付对象进行明细核算。 检查有无违反规定，私设小金库的情况
检查应付及暂收款	检查业务纪录是否正确无误，应付及暂收款总账和各明细账是否相符。 检查业务本身是否合理，是否属于规定的范围，有无虚列及以假票据列账结算从中舞弊的现象。已清偿的应付款项，是否有不按规定用现金结算的情况，特别要防止是否从中收取佣金性质的现金支付。 检查时如果某一明细账户出现借方余额时，应查清是否为预付，如果预付，应查明是否符合预付的规定。期初有贷方余额，本期继续发生贷方数而无借方数的账户，要查明原因，是否有不正常交易行为；对于长期应付不付的情况，如属业务纠纷，应促使尽早解决，如截留利税或将某项业务收入记入该账户，应予以查明、揭露
检查其他应付款项	检查代地方办理的各种保险业务，其按合约规定比例所收取的费用是否用于代办地方业务的各项开支。 检查被保险单位或个人提前交纳的预收保费是否到期能够及时转作保费收入，是否按险别、保户进行明细核算。 检查涉外分出分保业务当年应分出而未付出的应付分保费是否及时结清

为了提高审计效率，企业内部审计人员开展应付款项审计时应遵循一定的审计程序，主要包括8个步骤，如图5-24所示。

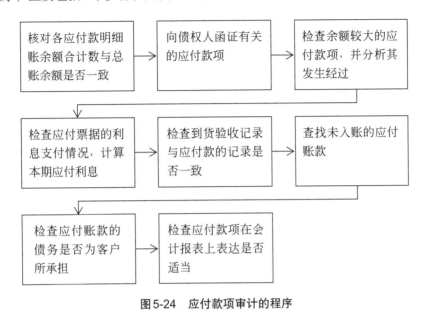

图5-24　应付款项审计的程序

5.4.4　应交税费审计

应交税费指的是企业按照一定的纳税依据和适用的税率应该缴给有关部门的税金。应交税费审计就是对上述税金计算的正确性、合法性进行的审计。按照对象类别，应交税费审计主要包括以下10个项目，如图5-25所示。

图5-25　应交税费审计的对象

由于应交税费项目与国家的税法及税务机关的征管工作紧密相连，政策性、法律性较强，因此内部审计人员进行应交税费审计时应严格、慎重。企业应交税费审计主要包括以下5个方面内容，如表5-17所示。

表5-17 应交税费审计的内容

序号	应交税费审计的内容
1	检查资产负债表中记录的应交税费是否存在
2	检查所有应当记录的应交税费是否均已记录
3	检查记录的应交税费是否是被审计单位应当履行的偿还义务
4	检查应交税费是否以恰当的金额包括在财务报表中，与之相关的计价调整是否已恰当记录
5	检查应交税费是否已按照企业会计准则的规定在财务报表中做出恰当列报

在审计实践中，企业内部审计开展应交税费审计时应重点审计以下6个要点，如表5-18所列。

表5-18 应交税费审计的要点

审计要点	具体内容
应交税费内容的真实性	检查应交税费的内容是否真实
应交税费计税依据的合规性	① 检查增值税是否以向购买方收取的全部价款和价外费用作为计税依据； ② 检查消费税是否以销售额或销售量作为计税依据； ③ 检查企业所得税是否以应纳税所得额作为计税依据； ④ 检查城市维护建设税是否以增值税、营业税和消费税的实际纳税额作为计税依据
应交税费适从税率的合法性	① 检查增值税税率是否界定清晰； ② 检查消费税税率是否具有针对性，不同的应税对象是否适用于相应的税率，有无故意采用低税率的行为； ③ 检查所得税税率使用是否正确； ④ 检查城市维护建设税税率是否根据企业所在地视市区、县城、镇的情况分别确定
应交税费减、免税的合理性	① 检查增值税的减免是否合理，有无任意扩大增值税减免范围的情况； ② 检查所得税减免是否合理，有无超范围、超期限、超审批权限任意减免所得税的情况
应交税费纳税的时效性	检查增值税有无采用延迟确认纳税义务时间、推迟纳税的行为。如采用直接收款方式，确认纳税时间是否为收到销售款项或取得收取款项凭证，并将把提货单交给买方的当天；采用托收承付方式，纳税时间确认是否为发出货物并办妥托收手续的当天；采用分期收款方式，确认纳税时间是否为合同约定收款法定日的当天；采用代销方式，确认纳税时间是否为收到代销清单的当天；采用预收贷款方式，确认纳税时间是否为发出货物的当天等

续表

审计要点	具体内容
应交税费纳税的时效性	① 检查消费税有无延迟确认纳税义务时间、推迟纳税行为，如自产自用的消费品确认纳税时间是否为使用消费品的当天，委托加工的消费品确认纳税时间是否为提货的当天。 ② 检查所得税有无延迟确认纳税义务时间、推迟纳税行为，如所得税是否按月预缴、年终多退少补。 ③ 检查城市维护建设税有无延迟确认纳税义务时间、推迟纳税行为，如城市维护建设税确认纳税时间是否为增值税、营业税和消费税实现的当天
应交税费报表列示的恰当性	① 检查应交税费是否根据"应交税费"期末贷方余额填列，如"应交税费"期末为借方余额时，是否以"—"号填列。 ② 检查增值税与其他账户的勾稽关系，如增值税销项税额与主营业务收入、其他业务收入中相关项目的配比，增值税进项税额转出与处理财产损失、在建工程领用生产用原材料等。 ③ 检查视同销售行为是否少交增值税。 ④ 检查不予抵扣项目有没有转出进项税额。 ⑤ 检查在同时生产应税产品与免税产品时，外购货物的进项税额同时发生的，是否将应税产品允许抵扣的进项税额与免税产品不得抵扣的进项税额混淆在一起，少计交增值税

由于应交税费审计内容较多，企业内部审计人员进行应交税费审计应遵循一定的审计程序，主要有以下4个步骤，如图5-26所示。

获取或编制应交税费明细表，复核其加计数是否正确，并核对其期末余额与报表数、总账数和明细分类账合计是否相符。要注意印花税、房产税、耕地占用税等是否计入应交税费项目

核对期初未交税费与税务机关的认定数是否一致，如有差异，应查明原因并做出记录，提请被审计单位进行适当调整

要结合长期投资、固定资产、在建工程、营业外支出、其他业务收入等科目的审计，检查没有记录的应交税费

向被审计单位索要并审阅纳税申报资料，纳税鉴定或纳税通知及征、免、减税的批准文件和税务机关汇算清缴的确认文件，检查被审计单位的会计处理是否符合国家财税法规的规定

图5-26 应交税费审计的程序

5.5 所有者权益类账户审计

所有者权益指的是企业资产扣除负债后由所有者享有的剩余权益。所有者权益类账户审计就是对上述内容的合法性、真实性、账务处理的准确性开展的审计。按照对象类别，所有者权益类账户审计主要包括以下4个方面，如图5-27所示。

图5-27 所有者权益类账户审计的内容

5.5.1 实收资本审计

实收资本指的是企业收到的投资者实际投入企业的资本。如果企业一次性筹集的资本等于注册资本，那么实收资本就是企业的资本金，如果企业分期筹集资本，那么在最后一次缴入完成之前，实收资本都少于注册资本。

实收资本审计主要是针对企业按照资本金制度执行情况开展的审计。实收资本审计是企业所有者权益审计的组成部分，对明确企业投资人对企业净资产的所有权和企业的清算核查具有重要作用。实收资本审计的内容主要包括以下4个方面，如图5-28所示。

在审计实践中，企业内部审计人员开展实收资本审计应遵循一定的审计程序，包括以下4个步骤，如图5-29所示。

实收资本筹集、核算的合法性

- 检查注册资本的筹集是否符合国家规定，审批手续是否完备，出资协议是否齐全，是否符合企业章程等
- 检查资本变动时注册资本增减变动是否符合国家规定，是否经过验资并经变更登记
- 检查资本所有权转让时转让是否经过其他出资人同意，手续是否齐备

实收资本的真实性

- 检查企业是否有通过假验资虚列实收资本、注册完毕抽逃资本、虚假评估虚列实收资本等行为

企业所有权和资本分类的正确性

- 检查是否正确划分了权益资本与借入资金的界限、实收资本与资本公积的界限、股本与资本公积的界限

资本计价的正确性

- 检查现金以外的有形或无形资产投资的入账价值，与合同、协议规定的价值及资产评估确认价值是否一致

图 5-28 实收资本审计的内容

检查投资者是否已按合同、协议、章程约定时间缴付出资额，其出资额是否已经中国注册会计师协会验证 → 如已验资，应查阅验资报告；以外币出资的，检查其实收资本折算汇率是否符合规定，折算差额的会计处理是否正确

↓

检查实收资本增减变动的原因，查阅其是否与董事会纪要、补充合同、协议及有关法律性文件的规定一致 → 验明实收资本是否已在资产负债表上恰当反映

图 5-29 实收资本审计的程序

5.5.2 资本公积审计

资本公积指的是非经营性因素形成的、不能计入实收资本的所有者权益，主要包括投资者实际缴付的出资额超过其资本份额的差额以及其他资本公积，如：企业接受捐赠、股本溢价、法定财产重估增值。资本公积审计就是对上述对象的合法性、账务处理的准确性所进行的审计，资本公积将直接影响所有者权益。

资本公积审计的内容包括以下4个方面，如图5-30所示。

检查资本（或股本）溢价
- 通过查阅企业的章程、合同，以及向发行股票的证券机构和有关人员查询，检查资本溢价是否为企业吸收新的投资者时形成，是否经董事会决定并报原审批机关批准

检查资产价值重估
- 检查企业对资产进行重估是否符合评估法规，是否经具备法定资格的评估机构执行
- 检查资产价值重估是否在国家规定的范围之内
- 检查账务处理是否正确，有无错记、漏记的情况

检查接受捐赠资产
- 检查接受捐赠资产是否经过交接验收，是否取得报价并经评估确认，是否计入资本公积账户

检查外币资本折算差额
- 检查入账的汇率是否真实，计算是否正确，实收资本账户是否存在投入资本的虚增或虚减问题

图5-30 资本公积审计的内容

在审计实践中，企业内部审计人员开展资本公积审计应遵循一定的审计程序，包括以下7个步骤，如图5-31所示。

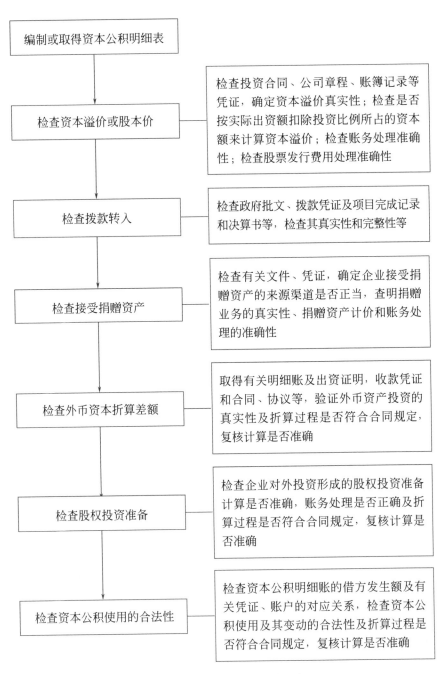

图 5-31　资本公积审计的程序

5.5.3 盈余公积审计

盈余公积指的是企业按照规定从净利润中提取的各种积累资金，包括法定盈余公积、任意盈余公积等。盈余公积审计就是对企业净利润的分配是否符合规定的程序，分配的标准与数额是否真实、正确等进行审计，从而证明投资者投入的资本金是否得到增值。盈余公积审计对于保障投资者利益是非常必要的。

盈余公积审计主要包括以下4个方面内容，如图5-32所示。

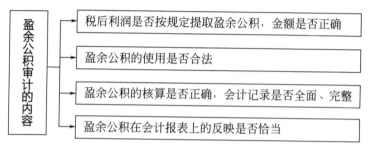

图5-32 盈余公积审计的内容

在审计实践中，企业内部审计人员开展盈余公积审计应遵循一定的审计程序，主要包括以下6个步骤，如图5-33所示。

获取编制盈余公积明细表，分别列示法定盈余公积、任意盈余公积和法定公益金，并与明细账和总账的余额核对是否相符

对盈余公积各明细项目的发生额，逐项审查其原始凭证

检查盈余公积各明细项目的提取比例是否符合有关规定

检查盈余公积减少数是否符合有关规定，会计处理是否正确

检查动用公益金举办集体福利设施是否按规定冲减公益金并相应增加公积

验明盈余公积是否已在资产负债表上恰当反映

图5-33 盈余公积审计的程序

5.5.4 利润分配审计

利润分配指的是企业在一定时期内对所实现的利润总额以及从联营单位分得的利润，按规定在国家与企业、企业与企业之间进行分配。利润分配审计就是对上述利润分配的合理性、合法性进行的审计。

利润分配涉及企业投资者、经营者与企业职工等各个群体的实际利益，企业进行有效的利润分配审计，有助于保证各方利益关系，其重要性包括以下2个方面，如图5-34所示。

```
┌─ 确保利润分配内部控制系统的健全性和有效性 ─┐

  • 促进企业完善内部管理机制
  • 提高财务管理与会计核算的质量

┌─ 确保利润分配的真实性、合法性和正确性 ─┐

  • 揭露和防止利润分配过程中的错误和漏洞，以监督企业认真遵守财
    经法纪，合法经营
  • 维护企业有关各方的实际利益不受侵犯
  • 有利于加强对企业的宏观调控
```

图5-34　利润分配审计的重要性

在审计实践中，利润分配审计主要包括以下4个方面内容，如图5-35所示。

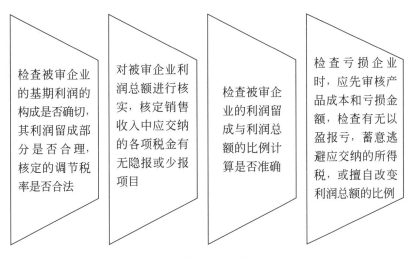

图5-35　利润分配审计的内容

5.6 成本类账户审计

成本类账户是用来反映企业生产经营过程中各项成本计算对象的费用汇集、成本计算和结转情况的账户。成本类账户审计就是对上述对象的真实性、账务处理的准确性开展的审计。成本类账户审计能够确保企业成本计算的准确性，而企业成本反映企业各项费用的最终归宿，也是计算企业利润的基础，其重要意义不言而喻。

按照对象类别，成本类账户审计主要包括以下3个方面，如图5-36所示。

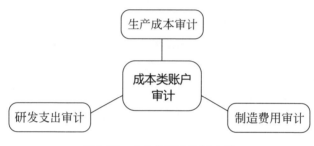

图5-36　成本类账户审计内容

5.6.1 生产成本审计

生产成本审计指的是审计人员对企业生产费用核算和成本计算的真实性、合法性和正确性所进行的审计，主要包括直接材料成本审计、直接人工成本审计和已转结的制造费用审计。

企业进行生产成本审计是非常重要的，体现在以下3个方面，如图5-37所示。

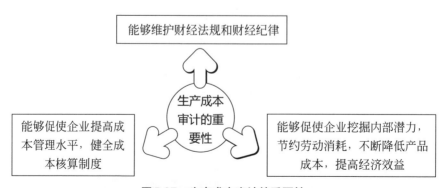

图5-37　生产成本审计的重要性

在审计实践中,企业生产成本审计的内容主要包括以下3个方面,如图5-38所示。

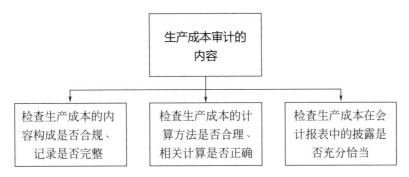

图5-38 生产成本审计的内容

由于生产成本审计涉及各类材料、费用、分配方式等多而杂的内容,企业内部审计人员开展生产成本审计时应着重审计以下3个要点,如表5-19所列。

表5-19 生产成本审计的要点

审计要点	具体内容
检查直接材料成本	直接材料成本的审计一般应从检查生产成本明细账入手,抽查费用凭证,验证企业产品直接耗用材料的数量、计价和材料费用分配是否真实、合理,主要包括: ① 抽查产品成本计算单,检查直接材料成本的计算是否正确,材料费用的分配标准与计算方法是否合理和适当,是否与材料费用分配汇总表中该产品分摊的直接材料费用相符; ② 检查直接材料耗用数量的真实性,有无将非生产用材料计入直接材料费用; ③ 分析比较同一产品前后各年度的直接材料成本,如有重大波动应查明原因; ④ 抽查材料发出或领用的原始凭证,检查是否经过授权,材料发出汇总表是否经过适当的人员复核,材料单位成本计价方法是否适当,是否正确及时入账; ⑤ 对采用定额成本或标准成本的企业,应检查直接材料成本差异的计算、分配与会计处理是否正确,并查明直接材料的定额成本、标准成本在本年度内有无重大变更
检查直接人工成本	① 抽查产品成本计算单,检查直接人工成本的计算是否正确,人工费用的分配标准与计算方法是否合理和适当,是否与人工费用分配汇总表中该产品分摊的直接人工费用相符; ② 将本年度直接人工与前期进行比较,查明其异常波动的原因; ③ 分析比较本年度各个月份的人工费用发生额,如有异常波动,应查明原因; ④ 结合应付工资检查人工费用的会计记录及会计处理是否正确; ⑤ 对采用标准成本法的企业,应抽查直接人工成本差异的计算、分配与会计处理是否正确,并查明直接人工的标准成本在本年度内有无重大变更

续表

审计要点	具体内容
检查已结转制造费用	① 检查制造费用分配的依据是否合理，重点查明制造费用的分配方法是否符合企业自身的生产技术条件，是否体现受益原则，常见分配方法包括： 生产工时比例分配法，按各种产品所耗生产工人工时的比例分配，适用于生产统计完善、能准确统计工人生产该产品的工时和生产产品的市场价值相差不大的情况。 生产工人工资比例分配法，按照计入各种产品成本的生产工人工资比例分配，适用于公司人力资源有限、生产产品量少，且公司没有设置生产统计的中小企业。 机器工时比例分配法，按照各个机器使用的工时进行分配，适用于产品制造机械化程度高且可以统计机器工时的企业。 年度计划分配率分配法，企业每月各种产品成本中的制造费用按照年度计划确定的计划分配率分配，适用于季节性生产企业。 ② 对分配结果进行复算，检查各个月份制造费用分配方法、分配标准使用是否一致，有无随意变更的情况；分配率和分配额的计算是否正确，有无以人为估计数代替分配数的情况。对按预定分配率分配费用的企业还应查明计划与实际差异是否及时调整。 ③ 检查制造费用分配表，将应分配的费用金额与制造生产费用明细账进行核对。 ④ 根据具体的制造费用分配方法，将费用分配标准与工时、定额等生产、管理资料进行核对，检查分配标准是否真实，使用时否正确，是否保存相关工时等的原始记录

在审计实践中，企业内部审计人员开展生产成本审计应遵循一定的审计程序，主要包括以下5个步骤，如图5-39所示。

图5-39 生产成本审计的程序

5.6.2 制造费用审计

制造费用指的是产品生产成本中除直接材料和直接工资以外的其余一切生产

成本。制造费用审计就是企业各个生产单位（如分厂、车间）为组织和管理生产所发生的各项费用而进行的审计。制造费用审计能够帮助企业及时发现制造费用核算与归集时存在的问题，并提出审计建议帮助企业改进管理方式，节约制造费用成本。

在实践中，企业制造费用间接计入成本，在费用发生时先行归集，待到月终时再在各成本计算对象间进行分配，计入各成本计算对象的成本中，即结转入生产成本科目。因此，企业制造费用科目通常在期末无余额。

在审计实践中，企业制造费用审计的要点主要包括以下3个方面，如表5-20所列。

表5-20 制造费用审计要点

审计要点	具体内容
进行分析性复核	① 获取或编制制造费用汇总表，并与明细账、总账核对看其是否相符。 ② 抽查制造费用中的重大数额项目及例外项目，分析其是否合理
检查制造费用归集的合理性、合规性和正确性	① 编制各月份制造费用各项目分析表，判断各项费用有无重大、异常波动。 ② 将制造费用明细账的借方发生额与有关费用分配表核对。 ③ 将制造费用明细表中未通过要素费用分配表的费用与有关原始凭证进行核对，检查各项费用的发生是否真实、开支范围是否合规、开支标准是否符合有关规定，是否应有相应的生产单位负担。 ④ 对资产负债表日前后的凭证、账目进行测试，检查有无跨期入账的情况。 ⑤ 检查制造费用明细账核算内容及范围是否正确，是否存在异常会计事项。如有，则应追查至记账凭证及原始凭证，重点查明有无不应计入制造费用的支出（如投资支出、被没收的财物、支付的罚款、违约金、技术开发支出等）。 ⑥ 对于采用标准成本法的企业，应抽查标准制造费用的确定是否合理，计入成本计算单的数额是否正确，制造费用的计算、分配与会计处理是否正确，并查明标准制造费用在本年度内有无重大变动
检查科目期末余额	检查各月度制造费用科目余额是否为零，采用年度计划分配率分配法的企业除外

5.6.3 研发支出审计

研发支出指的是企业在研究与开发过程中所使用资产的折旧、消耗的原材料、直接参与开发人员的工资及福利费、开发过程中发生的租金以及借款费用等。研发支出审计就是针对研发支出的合理性、合规性、准确性进行的审计。

研发支出审计主要是为了确定企业是否依据相关制度文件要求进行账务处理、是否建立健全相关内控体系、是否针对研发项目开展可行性研究、是否针对研发项目建立相关权限和审批程序等，对于科技型企业而言意义重大。

企业研发支出审计的要点主要包括以下7个方面，如表5-21所列。

表5-21　研发支出审计要点

审计要点	具体内容
检查研发支出明细表	获取或编制研发支出明细表，复核加计是否正确，并与研发支出总账数和明细账合计数核对是否相符，并将所属的"资本化支出"明细账期末余额与报表数核对是否相符
检查研发支出的增加	① 获取有关协议和董事会纪要等文件、资料，检查研发支出的性质、构成内容、计价依据，检查其是否归被审计单位拥有或控制。 ② 索取相关会议纪要、无形资产研究开发的可行性研究报告等相关资料，确定研究开发项目处于研究阶段还是开发阶段；不同阶段的资本化和费用化处理是否正确，会计处理是否正确。 ③ 检查研发费用明细表，抽查月份支出中的职工薪酬、折旧等费用，并与相关科目核对是否相符
检查递延研发支出	① 检查递延研发支出的会计处理是否与以前会计期间保持一致性，并且符合企业会计准则的要求。 ② 检查资产带来的未来经济利益的流入是否足以支持其账面价值，如适用，则应获取使用价值的计算过程来作为支持资产价值的依据
检查研发支出的减少	① 检查研发费用明细表，结合管理费用科目的审计，检查费用化支出的结转处理是否正确。 ② 审查已经在用或已经达到预定用途的研发项目是否已结转至相关资产项目
对研发支出实施截止测试	检查资产负债表日前后若干天内开发支出明细账和凭证，确定有无跨期入账现象
检查是否披露	检查研发支出是否已按照企业会计准则的规定在财务报表中作出恰当列报和披露
检查研发支出内容的合理性	内部审计人员还应关注研发支出的内容是否合理，研发支出资本化的依据是否充分，具体包括： ① 检查被审计单位对研究阶段和开发阶段的确认时间是否合理，研究阶段支出是否全部费用化；对于开发阶段的资本化支出，是否已满足资本化条件；对于无法区分研究阶段和开发阶段的支出，是否全部费用化。对于研发支出资本化，应获取充分的支持性证据，必要时可利用外部专家工作。 ② 对于享受税收优惠的高新技术企业，还需关注被审计单位的重大研发支出是否为研发活动所发生及相关依据，并结合当年研发支出占销售收入的比例等判断被审计单位是否持续符合高新技术企业认定条件

5.7 财务报表审计

财务报表是反映企业一个会计期间内财务状况和经营情况的会计报表。财务报表审计就是对上述会计报表制订的合规性、数据的准确性进行的审计。按照对象类别，财务报表审计主要包括以下4个项目，如图5-40所示。

图5-40 财务报表审计的内容

5.7.1 资产负债表审计

资产负债表就是反映一定会计期间内企业经营情况（资产、负债及所有者权益科目）的会计报表。资产负债表审计就是对企业资产负债表各个项目真实性和公正性进行的审计。资产负债表审计能够帮助企业经营管理者、股东等了解被审单位的财务状况和偿债能力，同时帮助企业后续改善经营管理、提升经营效率。

资产负债表审计的出现是现代财务审计发展的一个重要阶段。资产负债表审计最初是银行或其他信贷机构为了调查借款人的信用状况即财务状况和偿债能力而对企业资产负债表所列的各个项目开展的检查活动。随着实践的发展，审计人员把这种信用审计的实践加以理论化和系统化，现在资产负债表审计主要是采用现场调查、监督盘存或参与盘存和询证等方法，来核实被审单位资产负债表所列的各项债权和债务，独立核实各项资产和负债是否实际存在、有无遗漏或虚报等问题。

按照审计对象分类，资产负债表审计主要可分为资产负债表基本审计和资产负债表合理性审计，下面进行逐一介绍。

资产负债表基本审计主要是检查相关科目账务处理的正确性，主要包括以下3个方面的内容，如图5-41所示。

检查资产负债表填列内容的完整性

- 检查填报日期是否漏填
- 检查表内应填项目是否填列齐全
- 检查有关人员签章是否齐全

检查资产负债表内数字的准确性

- 复核表内小计数是否正确
- 复核表内合计数是否正确
- 将表内左右两方项目金额分别相加，检查资产负债表的总额是否平衡

检查资产负债表内综合项目填列的准确性

- 对根据有关总账账户的期末余额直接填列的项目，应与有关总账账户的期末余额相核对
- 对需要根据汇总抵消或分析才能填列的项目，应与各有关总账账户余额相加或相抵及分析的数额相核对
- 对需要根据明细账户期末余额或其合计数填列的项目，应与各有关明细账户期末余额及其合计数进行核对
- 将资产负债表"年初数"栏内各项数字与上年末资产负债表内"期末数"栏内所列数字相核对

图5-41　资产负债表基本审计的内容

资产负债表合理性审计主要是检查资产负债表各项数据所反映的企业经营管理的效率高低，主要包括以下4个方面内容及要点，如表5-22所列。

表5-22　资产负债表合理性审计的要点

审计要点	具体内容
资产负债率	资产负债率指的是负债总额在全部资产中所占的比重。它反映的是被审计单位的偿债能力，即被审计单位对债权人权益的保障程度。对于债权人来说，资产负债率越低越好，即表明可用于抵债的资产越多，被审计单位的偿债能力越强，债权人借出资金的安全程度越高；反之，则说明被审计单位的偿债能力越弱，债权人借出资金的安全程度越低。在计算时，要注意资产负债率是否超过100%，如果资产负债率大于100%，则表明被审计单位已资不抵债，视为达到破产的警戒线
负债权益比率	负债权益比率指的是被审计单位总负债与总权益之比。负债权益比率反映的是被审计单位财务结构的强弱，以及债权人的资本受到所有者权益的保障程度。负债权益比率高，则被审计单位总资本中负债资本高，对负债资本的保障程度较弱；反之，则说明被审计单位本身的财务实力较强，因而对负债资本的保障程度较高
流动比率	流动比率指的是被审计单位的全部流动资产与全部流动负债之比。流动比率反映了被审计单位的流动资产在短期债务到期前，可以变为现金用于偿还流动负债的能力，是衡量被审计单位短期负债偿还能力最通用的比率。流动比率通常不应低于2。 流动比率越高，被审计单位的短期偿债能力和变现能力越强；反之，则说明短期偿债能力和变现能力越弱。如果被审计单位流动比率过高，则表明其流动资产占用过多，意味着可能存在库存材料积压或产成品滞销问题

续表

审计要点	具体内容
速动比率	速动比率指的是被审计单位的速动资产与流动负债之比。速动资产指的是流动资产中最具流动性的部分，一般指扣除存货后的各项流动资产的总和。速动比率是对流动比率的补充，反映了被审计单位的短期清算能力。速动比率通常不应低于1。 速动比率高，则说明被审计单位清算能力较强，偿还债务有较强保障；反之，则说明被审计单位清算能力较弱。总之，因为速动资产中只包括货币资金、短期投资和应收账款等，不包括流动资产中变现能力慢的存货，只要速动比率高，就有较足够的偿债资金

5.7.2 利润表审计

利润表是反映企业在月份、年度内利润（亏损）的实现和分配（弥补）情况的一种会计报表。利润表审计就是对上述报表真实性的审计。

利润表直接反映了企业在一定时期内的利润状况，利润表审计主要包括以下4个方面内容，如图5-42所示。

确认利润表的存在性
- 确认被审计单位利润表中各种收入、费用交易在一定时期内是否已发生

确认利润表的完整性
- 确认被审计单位利润表中是否已包含其一定期间所有的收入、费用交易且无遗漏

确认利润表的估价与分摊的正确性
- 确认被审计单位收入和费用等要素是否均已按适当的方法进行计价，列入利润表的利润总额、净利润等金额是否是正确的

确认分配利润的合法性
- 确认被审计单位是否按法定程序分配利润

图5-42 利润表审计的主要内容

在审计实践中，企业内部审计人员开展利润表审计时应重点审计以下4个要点，如表5-23所列。

表5-23　利润表审计的要点

审计要点	具体内容
检查主营业务利润	① 检查主营业务收入，主要采用抽查法、核对法、复核法。检查产品销售和营业收入的内控制度是否健全、有效；检查销售确认的时间是否正确；运用分析性复核方法进行比较分析；获取产品价格目录，抽查售价是否符合价格政策，并注意销售给关联方或关系密切的重要客户的产品价格是否合理，有无低价或高价结算，以转移收入的现象；抽取一定数量销售发票，审查开票、记账数量单价金额是否与发货单、销售合同一致；审阅账簿记录并核对凭证，查明企业已发生的销货退回、销售折扣和销售折让，有关手续和账务处理是否正确，是否按规定作为主营业务收入的抵减项目处理；检查年终年初有无将某些主营业务收入有意推迟至下期或提前至本期，以达调节利润的目的。 ② 检查主营业务成本，通常通过审阅主营业务收入明细账、产成品明细账等记录并核对有关的原始凭证和记账凭证进行；分析比较本年度与上年度主营业务成本，以及各月份主营业务成本金额，如有重大波动和异常，应查明原因；结合生产成本审查、抽查销售成本结转数额的正确性，并检查其是否与销售收入匹配
检查其他业务利润	其他业务利润由其他业务收入减其他业务支出可得，它是企业主营业务以外的经营成果，在检查时需注意： ① 抽查凭证和账簿记录，主要检查其他销售收入所包括的内容范围是否符合规定，如收取的经营性租金收入，出售多余材料，工业企业对外提供维修、运输等非工业性劳务收入。 ② 检查中要注意其他业务的真实性，有无出售多余材料或外购商品不入账，隐瞒收入，私存小金库，用于非法开支等情况。 ③ 无形资产转让业务是否按新企业会计制度规定不应在本项目核算，应列入营业外收支中。 ④ 抽查大额其他业务收支项目，注意其他业务支出与其他业务收入的配比，有无有意地多转少转或漏转其他业务支出情况。 ⑤ 与上期其他业务利润比较，了解重大波动的原因，分析其合理性，追查异常的其他业务收支项目
检查期间费用	选择重要或异常的销售费用，检查其原始凭证是否合法、会计处理是否正确，检查有无跨期入账的现象，进行人为调节利润
检查利润总额	① 检查投资收益，查阅投资收益账户记录及有关账户记录并核对凭证，确定投资收益核算内容及会计账务处理的正确性；计算投资收益占利润总额的比例，分析被查单位在多大程度上依赖投资收益，判断被查单位盈利能力稳定性；将重大投资项目与之前年度进行比较，分析是否存在异常变动。 ② 检查营业外收入和营业外支出的审查，核对有关凭证和账簿，应注意固定资产盘盈、盘亏、毁损价值的真实性；罚没收支的真实性、正确性；有无利用计提固定资产折旧、在建工程减值准备来调节利润现象；确认无法支付的欠款和非正常损失等是否履行审批手续等；注意检查企业是否将营业收入与营业外收入混淆，营业外支出与生产经营成本、费用是否界限不清；是否将营业外收入和营业外支出分别进行核算，有无以营业外支出直接冲减营业外收入的情况等

5.7.3　现金流量表审计

现金流量表是反映企业在一定会计期间现金和现金等价物流入和流出的报表。

现金流量表审计指的是审计人员对上述报表披露的现金流量情况、归还借款、支付股利能力及整体财务状况真实性、合法性、正确性和公允性进行的审计监督、鉴证、评价的活动。

现金流量表审计主要包括以下4个方面内容，如图5-43所示。

确认企业一定会计期间现金流量信息的真实性
核实企业现金流量的真实性，具体指核实现金流量表所列各项现金流入、现金流出是否存在或确实发生，有无高估现金流入或高估现金流出情况

确认企业一定会计期间现金流量信息的完整性
核实现金流量表中应该列示的所有现金流量项目是否列入，即检查有无低估现金流入或低估现金流出情况

确认企业一定会计期间现金流量信息的正确性及合规性
运用各种审计方法核实被审计单位在现金流量的计算及填列上是否遵循相关会计原则和会计准则，其数字加总、有关项目计算是否正确、合规，采用的计价、计算方法前后期是否一致

确认现金流量表要素披露的恰当性
核实企业一定会计期间现金流量的表达与披露是否充分、适当，认定现金流量表中特定组成要素是否适当分类和披露，有关交易事项数额计算填列截止日期是否恰当

图5-43　现金流量表审计的内容

在审计实践中，企业内部审计人员开展现金流量表审计时应重点审计以下6个要点。

（1）检查经营活动产生的现金流量

① 检查"销售商品、提供劳务收到的现金"项目。检查收入、应收账款、应收票据及其备查簿等账表资料，按照"销售商品、提供劳务收到的现金＝本期销售商品或提供劳务收到的现金收入＋本期收到前期的应收账款＋本期收到前期的应收票据＋本期的预收账款－本期因销售退回而支付的现金＋本期收回的坏账损失"的计算公式，分析调整产品和劳务的现销收入，并与被审计企业编制的现金流量

表的该项目进行核对，检查两者是否一致。

② 检查收到的租金。检查经营租赁收入等账簿资料，分析调整以现金形式收到的经营租赁收入，并与被审计企业编制的现金流量表中的该项目进行核对，检查两者是否一致。

③ 检查收到的增值税销项税额和退回的增值税款。检查应交税金——应交增值税明细账、现金、银行存款等账簿资料，分析调整以现金形式收到的增值税销项税额和退回的增值税款，并与被审计企业编制的现金流量表中的该项目进行核对，检查两者是否一致。

④ 检查收到的除增值税以外的其他税费返还。检查应交税金明细账、其他未交款、产品销售税金及附加等账簿资料，分析调整以现金形式收到的除增值税以外其他税费返还，并与被审计企业编制的现金流量表中该项目进行核对，检查两者是否一致。

⑤ 检查购买商品、接受劳务支付的现金。检查应付账款、应付票据、预付账款等账簿资料，根据"购买商品、接受劳务支付的现金＝本期购买商品、接受劳务支付的现金＋本期支付前期的应付账款＋本期支付前期的应付票据＋本期预付的账款－本期因购货退回收到的现金"的计算公式，分析调整购买商品、接受劳务支付的现金，并与被审计企业编制的现金流量表中该项目进行核对，检查两者是否一致。

⑥ 检查经营租赁支付的现金。企业为解决生产经营的临时需要而租入固定资产，如果不具备融资租赁的特点，应作为临时租赁或经营性租赁处理。审计人员应检查管理费用、制造费用有关经营租赁支出明细账以及现金、银行存款等账簿资料，分析调整以现金形式支付的经营租赁支出，并与被审计企业编制的现金流量表中的该项目进行核对，检查两者是否一致。

⑦ 检查支付给职工以及为职工支付的现金。该项目反映企业以现金方式支付给职工的和为职工支付的其他现金。支付给职工的包括工资、奖金以及各种补贴等；为职工支付的其他现金，如企业为职工交纳的养老、失业等社会保险基金，企业为职工交纳的商业保险金等。审计人员应检查工资结算单、工资分配表以及应付工资、应付福利费、制造费用、管理费用、产品销售费用明细账，分析调整支付给职工以及为职工支付的现金，并与被审计企业编制的现金流量表中的该项目进行核对，检查两者是否一致。

⑧ 检查支付的增值税税款。该项目反映企业购买商品实际支付的能够抵扣增值税销项税额的增值税进项税额，即实际交纳的增值税税款。审计人员应检查应交税金——应交增值税、应付账款——增值税、应付票据——增值税明细账，分析调整支付的增值税款，并与被审计企业编制的现金流量表中的该项目进行核对，检查两者是否一致。

⑨ 检查支付的所得税。检查应交税金——应交所得税、所得税纳税申报表等账簿资料，分析调整实际交纳的所得税，并与被审计企业编制的现金流量表中的该项目进行核对，检查两者是否一致。

⑩ 检查支付的除增值税、所得税以外的其他税费。该项目反映企业按国家有关规定于本期实际支付的除增值税、所得税以外的其他各种税款，包括本期发生并实际支出的税金和本期支付以前各期发生的税金以及预付的税金。审计人员应检查应交税金、产品销售税金及附加、其他未交款等账簿资料，分析调整实际支付的除增值税、所得税以外的其他税费，并与被审计企业编制的现金流量表中的该项目进行核对，检查两者是否一致。

⑪ 检查支付的其他与经营活动有关的现金。检查管理费用等账簿资料，分析调整以现金支付的其他与经营活动有关的支出项目，并与被审计企业编制的现金流量表中的该项目进行核对，检查两者是否一致。

（2）检查投资活动产生的现金流量

① 检查收回投资收到的现金。检查长期投资——股票投资、短期投资——股票投资、投资收益、长期投资——债券投资、短期投资——债券投资等账簿资料，分析调整收回的股票投资本金、投资收益以及债券投资本金，并与被审计企业编制的现金流量表中的该项目或利润进行核对，检查两者是否一致。

② 检查分得的股利或利润所得收到的现金。检查投资收益、其他应收款、长期投资明细账等账簿资料，分析调整分得的股利或利润所得收到的现金，并与被审计企业编制的现金流量表中的该项目进行核对，检查两者是否一致。

③ 检查取得债券利息收入所收到的现金。检查长期投资——应计利息、投资收益——短期债券利息收入、投资收益——长期债券投资利息收入等明细账，分析调整企业债券投资所得的现金利息收入，并与被审计企业编制的现金流量表中的该项目进行核对，检查两者是否一致。

④ 检查处置固定资产、无形资产和其他长期资产而收到的现金净额。该项目反映出售固定资产、无形资产和其他长期资产所取得的现金扣除为出售这些资产而支付的有关费用后的净额，以及固定资产报废、毁损的变卖收益、遭受自然灾害而收到的保险赔偿收入等。审计人员应检查固定资产清理、其他业务收入、其他业务支出等明细账，分析调整处置固定资产、无形资产和其他长期资产所取得的现金收入，并与被审计企业编制的现金流量表中的该项目进行核对，检查两者是否一致。

⑤ 检查收到的其他与投资活动有关的现金收入。检查与其他投资活动有关的账簿资料，分析调整与其他投资活动有关的现金收入，并与被审计企业编制的现

金流量表中的该项目进行核对，检查两者是否一致。

⑥ 检查购建固定资产、无形资产和其他长期资产所支付的现金。企业为购建固定资产而支付的款项包括购买机器设备所支付现金及增值税款、建造工程支付的现金、支付在建工程人员的工资等。购买的无形资产包括企业购入或自创取得各种无形资产的实际支出。审计人员应检查固定资产、在建工程、无形资产等明细账，分析调整购建固定资产、无形资产和其他长期资产所支付的现金，并与被审计企业编制的现金流量表中的该项目进行核对，检查两者是否一致。

⑦ 检查权益性投资所支付的现金。检查短期投资——股票投资、长期投资——股票投资、其他应收款——应收股利等明细账，分析调整权益性投资所支付的现金，并与被审计企业编制的现金流量表中的该项目进行核对，检查两者是否一致。

⑧ 检查债权性投资所支付的现金。该项目反映企业为购买除现金等价物以外的债券而支付的现金。审计人员应检查短期投资——债券投资、长期投资——债券投资、长期投资——应计利息等明细账，分析调整购买现金等价物以外的债券而支付的现金，并与被审计企业编制的现金流量表中的该项目进行核对，检查两者是否一致。

⑨ 检查其他与投资活动有关的现金支出。检查与其他投资活动有关的账簿资料，分析调整其他与投资活动有关的现金支出，并与被审计企业编制的现金流量表中的该项目进行核对，检查两者是否一致。

（3）检查筹资活动产生的现金流量

① 检查吸收权益性投资所收到的现金。该项目反映企业通过发行股票等方式筹集资本所收到的现金，其中股份有限公司公开募集股份，须委托金融企业进行公开发行，由金融企业直接支付的手续费、宣传费、咨询费、印刷费等费用，从发行股票取得的现金收入中扣除，以净额列示。审计人员应检查实收资本、资本公积等明细账，分析调整吸收权益性投资所收到的现金，并与被审计企业编制的现金流量表中的该项目进行核对，检查两者是否一致。

② 检查发行债券收到的现金。该项目反映企业发行债券实际收到的现金，如果委托金融企业发行债券，应以扣除各种发行费用后的现金净额列示。审计人员应检查应付债券——债券面值、应付债券——债券溢价、应付债券——债券折价、短期应付债券等明细账，分析调整发行债券收到的现金，并与被审计企业编制的现金流量表中的该项目进行核对，检查两者是否一致。

③ 检查借款收到的现金。检查各种短期、长期借款明细账，分析调整借款收到的现金，并与被审计企业编制的现金流量表中的该项目进行核对，检查两者是

否一致。

④ 检查收到的其他与筹资活动有关的现金。检查与其他筹资活动有关的现金收入账簿，分析调整其他、与筹资活动有关的现金收入，并与被审计企业编制的现金流量表中的该项目进行核对，检查两者是否一致。

⑤ 检查偿还债务所支付的现金。该项目反映企业偿还债务所支付的现金，包括归还金融企业借款、偿付到期的债券等。审计人员应检查各种短期、长期借款明细账，短期、长期应付债券明细账等账簿资料，分析调整偿还债务所支付的现金，并与被审计企业编制的现金流量表中的项目进行核对，检查两者是否一致。

⑥ 检查发生筹资费用所支付的现金。该项目反映企业为发行股票、债券或向金融企业借款等筹资活动发生的各种费用，如咨询费、公证费、印刷费等。它指资金到达企业之前发生的前期费用，不包括利息支出和股利支出。委托金融企业发行股票或债券而由金融企业代付费用应在筹资款项中扣除，不包括在本项目中。审计人员应检查财务费用、在建工程等明细账，分析调整发生筹资费用所支付的现金，并与被审计企业编制的现金流量表中的项目进行核对，检查两者是否一致。

⑦ 检查分配股利或利润所支付的现金。检查未付利润、利润分配等明细账，分析调整分配股利或利润所支付的现金，并与被审计企业编制的现金流量表中的项目进行核对，检查两者是否一致。

⑧ 检查偿付利息所支付的现金。本项目反映企业用现金支付的借款利息、债券利息等。审计人员应检查短期、长期借款明细账，短期、长期应付债券及应计利息明细账等账簿资料，分析调整用现金支付的借款利息、债券利息，并与被审计企业编制的现金流量表中的项目进行核对，检查两者是否一致。

⑨ 检查融资租赁所支付的现金。本项目反映融资租入固定资产所支付的现金，包括支付本期应付租金和前期应付未付而于本期支付的租金。审计人员应检查固定资产——融资租入固定资产、长期应付款等账簿资料，分析调整本期实际支付的融资租赁固定资产的租金，并与被审计企业编制的现金流量表中的项目进行核对，检查两者是否一致。

⑩ 检查减少注册资本所支付的现金。本项目反映企业因发生重大亏损短期内无力弥补或缩小经营规模经工商行政管理部门批准而由股东抽回资本所发生的现金支出。审计人员应检查减资前、后注册资本明细账等账簿资料，分析调整减资所实际支付的现金，并与被审计企业编制的现金流量表中的项目进行核对，检查两者是否一致。

⑪ 检查与筹资活动有关的其他现金支出。检查其他与筹资活动有关的账簿资料，分析调整与筹资活动有关的其他现金支出，并与被审计企业编制的现金流量表中的项目进行核对，检查两者是否一致。

（4）计算现金及现金等价物净增加额

将经营活动产生的现金流量、投资活动产生的现金流量、筹资活动产生的现金流量相加，计算现金及现金等价物净增加额。

（5）检查现金流量表补充资料

① 检查存货、固定资产及累计折旧表、长期投资、短期投资、负债、实收资本、未付利润、利润分配等账簿资料，分析调整不涉及现金收支的以固定资产、存货等对外投资，以非现金形式发放股利等金额，并与被审计企业编制的现金流量表中的该项目进行核对，检查两者是否一致。

② 检查损益表，将净利润调节为经营活动现金流量，并与被审计企业编制的现金流量表中的该项目进行核对，检查两者是否一致。具体步骤包括：

第一，检查坏账准备、管理费用、应收账款等明细账，分析调整计提的坏账准备或转销的坏账。

第二，检查固定资产及累计折旧表，分析调整本期计提的折旧。

第三，检查无形资产、待摊费用等明细账，分别计算本期摊销的无形资产、待摊费用。

第四，检查固定资产清理、营业外支出、营业外收入等账簿资料，分别计算处置固定资产的收益和固定资产报废损失。

第五，分别查验财务费用、投资收益。

第六，检查存货明细账，分析调整存货减少额。

第七，检查经营性应收项目。经营性应收项目主要指应收账款、应收票据、坏账准备、预付账款和其他应收款中与经营活动有关的部分。审计人员应检查应收账款、应收票据、坏账准备、其他应收款、预付账款等账簿资料，分析调整经营性应收项目的增加额。

第八，检查经营性应付项目。经营性应付项目主要指应付账款、应付票据、应付福利费、预收账款、预提费用、应交所得税和其他应付款中与经营活动有关的部分。检查应付账款、应付票据、预收账款、应付福利费、应交所得税、预提费用和其他应付款等账簿资料，分析调整经营性应付项目的减少额。

第九，检查未交税金、应交税金——应交增值税、应付账款——增值税等账簿资料，分析调整增值税净增加额（上述项目如为相反数额，用负数填列）。

（6）验算现金及现金等价物

按照"现金及现金等价物的净增加额＝货币资金的期末余额–货币资金的期初余额＋现金等价物的期末余额–现金等价物的期初余额"的计算公式，计算现金及现金等价物,并与被审计企业编制的现金流量表中的该项目进行核对。

5.7.4 所有者权益变动表审计

所有者权益指的是企业投资者对企业净资产的所有权,包括投资者对企业的投入资本以及企业存续过程中形成的资本公积、盈余公积和未分配利润等内容。所有者权益变动表是反映公司本期(年度或中期)内至期末所有者权益变动情况的报表。所有者权益变动表审计指的是对上述报表的合法性、真实性等方面的审计活动。

根据会计准则,所有者权益等于所有者资产和负债之和。因此,对被审计单位资产与负债进行审计,验证两者的期初余额、本期变动和期末余额都是公允的、合法的,即可以说明所有者权益的期初余额、本期变动和期末余额是公允性的、合法的。但在实践中由于所有者权益代表了企业的产权,所有者权益的重大变动受到国家法律和法规的严格约束,任何不恰当的处理,都将对企业所有者权益的真实、合法表达产生重大影响,因此单独对所有者权益变动表进行审计是非常必要的。

所有者权益变动表审计主要需确认以下6个方面内容,如图5-44所示。

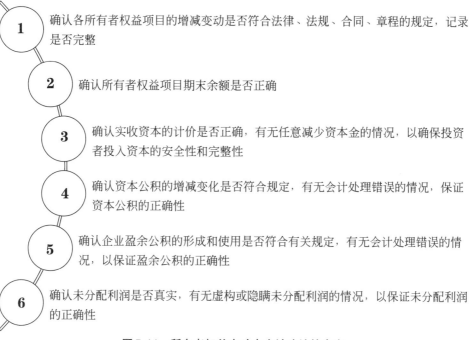

图5-44 所有者权益变动表审计确认的内容

在审计实践中,企业开展所有者权益变动表审计时应审计以下3个方面内容,如图5-45所示。

实收资本审计

- 合法性：检查确认注册资本筹集是否符合国家规定，审批手续是否完备，出资协议是否齐全，是否符合被审计单位章程的有关规定；检查确认注册资本增减变动是否符合国家规定，增资经验资并经变更登记，减资经债权人同意并经变更登记，转让经其他出资人同意
- 真实性：检查确认有无通过假验资虚列实收资本、注册完毕抽逃资本、虚假评估虚列实收资本问题
- 所有权和分类：检查被审计单位是否正确划分了权益性资本与借入资金的界限、实收资本与资本公积的界限、股本与资本公积的界限
- 计价：检查确认以现金以外有形和无形资产投资的入账价值与合同、协议规定的价值及资产评估确认价值的一致性

资本公积审计

- 分类：检查确认资本公积是否按资本或股票溢价、法定财产重估增值、捐赠、资本汇率折算差额分类核算，核实四者有无计入实收资本或其他帐户的情况
- 计价：检查资本公积的入帐价值与捐赠协议、资产评估确实价值的一致性
- 所有权：检查确认资本公积是否只用于转增资本，没有转作他用
- 合法性：检查转增资本金是否具有合法手续

盈余公积审计

- 合法性：检查确认盈余公积的使用是否遵循财务制度的规定，用于弥补亏损、转增资本、分配股利、兴办职工福利；检查确认弥补亏损或转增资本，以及分配股利后，盈余公积是否低于法定的数额；检查支付股利数额是否超过法定；检查转增资本是否具有合法手续
- 分类：检查确认盈余公积是否按法定盈余公积、任意盈余公积和公益金分别核算，相互之间没有混淆现象

图 5-45　所有者权益变动表审计的内容

第 6 章

企业内部审计的实施

企业内部审计工作内容广泛,类别繁杂,程序、步骤繁多,企业内部审计部门如何有效、有序地实施各种审计项目成了一大难题,如果处理不好将严重影响到审计工作的质量,干扰企业经营与决策判断。本章将介绍企业内部审计工作的组织、开展、沟通及相关注意事项。

6.1 企业内部审计的组织与开展

前几章对企业内部审计工作已有描述,本章节重在说明具体如何实施。

6.1.1 明确审计的目的

企业在开展内部审计工作时需要根据审计对象、类型,明确审计的目的。

自2004年以来,国际内部审计师协会对"内部审计"的定义是:一种独立、客观的确认和咨询活动,旨在增加价值和改善组织的运营。它通过应用系统的、规范的方法,评价并改善风险管理、控制和治理过程的效果,帮助组织实现其目标。

从该定义可以知道,现代内部审计的目的是增加价值和改善组织运营,如图6-1所示。

增加价值
内部审计是企业内部控制的重要组成部分,内部审计能够通过对内控制度与风险管理体系的有效性进行审计,排查潜在风险与漏洞,提出强化内控管理的建议措施,帮助企业提升资产质量,节约支出,增加效益,最终实现企业价值增值
改善组织运营
内部审计能够帮助企业及时发现业务运营上的问题,及时进行整改纠偏,帮助改善企业运营

图6-1 内部审计的目的

6.1.2 收集审计资料

在明确审计目的之后,接下来就是收集审计资料,为工作的进一步开展做足准备。值得一提的是,此处收集的资料需要与4.3.2节中提及的背景资料区别开来,两者具有类似之处但又有所不同,此处的资料可以说是背景资料的有益补充。

(1)审计资料的类型

从审计资料涉及的经营范围和管理职责划分,主要包括以下5种类型,如图6-2所示。

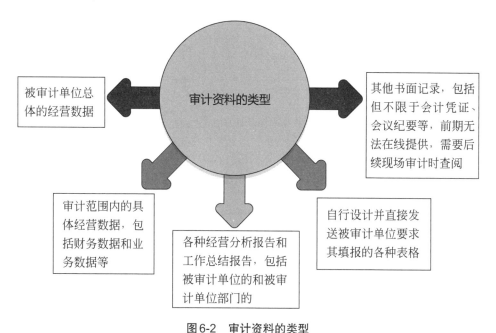

图6-2　审计资料的类型

（2）审计资料的获取途径

在资料的获取上，需要审计部门在审计过程中根据被审计单位或第三方挖掘、分析、整理，具体如图6-3所示。

直接从被审计单位获取
设计表格发送至被审计单位要求其限时完成信息反馈 发送审计资料需求清单至被审计单位要求其限时完成信息反馈
从其他第三方信息系统或平台获取
内部审计部门既可以直接从该类信息系统或平台上下载数据，也可以委托被审计单位从信息系统下载数据后发送给内部审计部门

图6-3　审计资料的获取途径

6.1.3　分析审计资料

资料繁杂、种类众多，且审计资料获取途径的不同可能会导致各类数据的口径不一致，企业内部审计部门在收集审计资料之后需要对审计资料进行整理和分析，为后续审计工作开展奠定基础。

审计资料的分析可以从以下2个方面入手，如图6-4所示。

数据的分析

- 数据的分析目的就是要获取规律性及异常性的线索，如财务费用较以往期间大幅增加、经营业绩持续走低等。通过数据分析得出的线索进一步圈定审计的重点。很多时候，通过数据分析可以直接得出审计结论
- 在数据关系比较复杂的情况下，还可以建立数据模型，利用审计软件运行数据模型，批量导出审计疑点线索

文字的分析

- 文字主要来源于工作报告、工作记录等文件。文字信息虽然可以直接通过阅读来判断其信息的重要性，但是文字不同于数据那样可以通过软件进行批量快速处理，而是需要审计人员花费一定的时间去阅读和进行逻辑判断。特别是被审计单位报送上级或主管部门的专项报告，往往可以通过比对其中提及的某一块具体工作来复查实践中是否真的得到落实来发现审计线索
- 文字的分析往往需要根据数据分析的结果来验证，最终以事实或数据为依据，这样得出的审计结论更有说服力，更为客观

图6-4　审计资料的分析

6.2 企业内部审计报告与内部审计沟通

6.2.1 内部审计报告

中国内部审计协会对内部审计报告的概念有明确规定，《第2106号内部审计具体准则——审计报告》第二条明确指出："审计报告，是指内部审计人员根据审计计划对被审计单位实施必要的审计程序后，就被审计事项作出审计结论，提出审计意见和审计建议的书面文件。"

（1）内部审计报告的编写原则

根据《第2106号内部审计具体准则——审计报告》，审计报告的编写应遵循以下5个原则，如图6-5所示。

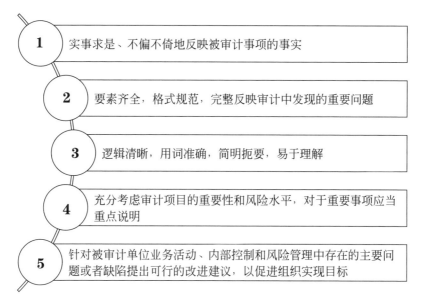

图6-5 内部审计报告编写的5个原则

（2）内部审计报告的基本格式

根据《第2106号内部审计具体准则——审计报告》，内部审计报告至少应包含以下7个方面要素，如图6-6所示。

1）标题

内部审计报告的标题并无统一格式，而是根据审计项目和审计内容的不同而改变。通常情况下，内部审计报告的标题格式为"审计年份+审计对象+审计项目类型"。

例如：《2020年关于对××公司财务收支的审计报告》《2020年关于××子公司/部门××任期经济责任的审计报告》《2020年关于对××子公司××问题的中期审计报告》等。

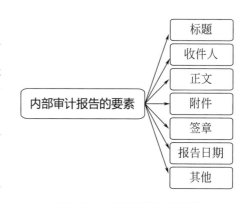

图6-6 内部审计报告的要素

2）收件人

内部审计报告的收件人通常是与被审计项目有管理和监督责任的机构或个人，主要包括以下5个方面，如图6-7所示。

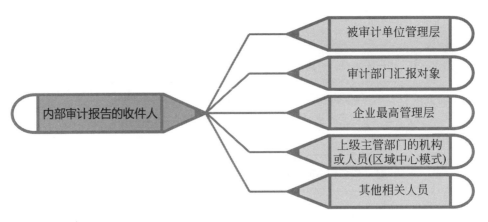

图6-7 内部审计报告的收件人

值得注意的是,其他相关人员指的是审计发现问题可能涉及的其他人员或部门、机构负责人。

3)正文

根据《第2106号内部审计具体准则——审计报告》,内部审计报告的正文至少应包括以下6个方面,如图6-8所示。

审计概况
包括审计目标、审计范围、审计内容及重点、审计方法、审计程序及审计时间等

审计依据
实施审计所依据的相关法律法规、内部审计准则等规定

审计发现
对被审计单位的业务活动、内部控制和风险管理实施审计过程中所发现的主要问题的事实

审计结论
根据已查明的事实,对被审计单位业务活动、内部控制和风险管理所作的评价

审计意见
针对审计发现的主要问题提出的处理意见

审计建议
针对审计发现的主要问题,提出的改善业务活动、内部控制和风险管理的建议

图6-8 内部审计报告的正文内容

4)附件

内部审计报告的附件是对内部审计报告正文进行补充说明的文字或数字材料,主要包括以下5个方面,如图6-9所示。

1 相关问题的计算及分析性复核审计过程

2 审计发现问题的详细说明,如问题一览表

3 被审计单位及被审计责任人的反馈意见

4 记录审计人员修改意见、明确审计责任、体现审计报告版本的审计清单

5 认为需要提供解释和说明的其他内容

图6-9 内部审计报告的附件内容

5)签章

内部审计报告的正式签发应由主管的内部审计机构盖章,并由有权签发人签字,其中主要包括3类人,如图6-10所示。

6)报告日期

内部审计报告日期指的是报告最后的落款日期,通常情况下内部审计报告以内部审计机构负责人批准送出日期作为报告日期。

7)其他

其他指的是企业管理层认为有必要临时加入的审计内容。

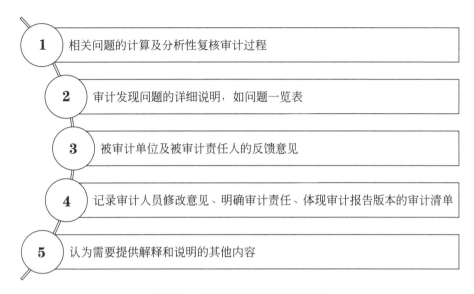

图6-10 内部审计报告的有权签发人

(3)内部审计报告的撰写流程

内部审计报告的撰写流程主要包括以下5个方面,如图6-11所示。

```
┌─────────────┬──────────────────────────────────────────────────┐
│ 汇总分析    │ 在检查底稿的基础上挑选有价值的审计证据资料作为撰 │
│ 工作底稿    │ 写审计报告的基础                                 │
└─────────────┴──────────────────────────────────────────────────┘

┌─────────────┬──────────────────────────────────────────────────┐
│ 拟定审计    │ 在对审计工作底稿分析与整理归类的基础上，按审计报 │
│ 报告提纲    │ 告结构和内容要求，逐项列出编写提纲               │
└─────────────┴──────────────────────────────────────────────────┘

┌─────────────┬──────────────────────────────────────────────────┐
│ 撰写审计    │ 审计报告通常情况由项目主审牵头负责撰写，但在实践中│
│ 报告初稿    │ 有时考虑到项目涉及的业务量较大或问题较多较杂，也可│
│             │ 以由多个项目小组成员分工撰写后交由项目主审汇总   │
└─────────────┴──────────────────────────────────────────────────┘

┌─────────────┬──────────────────────────────────────────────────┐
│             │ 审计报告初稿完成后需发送至被审计单位，要求限时以 │
│ 征求意见    │ 书面形式反馈意见。如反馈同意则正式签发，如有异议 │
│             │ 且合理则调整，不合理的则应拒绝并沟通，如超时未反 │
│             │ 馈的则视同其同意                                 │
└─────────────┴──────────────────────────────────────────────────┘

┌─────────────┬──────────────────────────────────────────────────┐
│             │ 项目组负责人对审计报告负首要责任，需要对内部审计 │
│ 检查签发    │ 报告进行认真检查，确认无误后经有权签发人签批同意 │
│             │ 后方可正式印发                                   │
└─────────────┴──────────────────────────────────────────────────┘
```

图6-11　内部审计报告的撰写流程

6.2.2　内部审计沟通的定义和方式

内部审计沟通指的是内部审计部门与被审计对象就相关内容进行探讨和交流的过程。其目的就是让被审计对象事先足够了解审计内容，并取得他们的理解和支持，以保证审计过程的顺利进行，审计结果的客观、公正。

为了保证有效的沟通，在沟通过程中还需要采取正确的方式，常见沟通方式有两个，如图6-12所示。

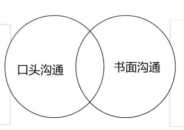

| 以面对面的形式进行交流，包括询问、会谈、调查、讨论、会议、征求意见等 | 口头沟通　书面沟通 | 以书面的形式进行交流，包括下发审计通知书、问卷调查、审计工作底稿、审计报告和管理建议书等 |

图6-12　内部审计沟通的方式

两种沟通方式各有优缺点，在具体实践中需要根据被审计对象的实际情况来选择，必要时候同时运用。口头沟通与书面沟通优缺点如表6-1所列。

表6-1 口头沟通与书面沟通优缺点对比

沟通方式	优点	缺点
口头沟通	灵活方便、易于操作，易达到目的；双方可以很好地把握对方的立场和态度，有利于充分地协商，加快信息传递和交流；不容易造成误解或理解不一致	口头沟通信息保留的时间较短，信息容易模糊、失真，不客观，从而容易导致后续无据可查，造成审计证据不足
书面沟通	书面沟通较为正式，易于长期保存，审计人员能够据此反复研究，审计证据更为客观、慎重和准确	书面沟通对客观情况变化的适应性较差，双方沟通不够直接，消耗时间较大、成本较高，所沟通的内容对语言的依赖性很强，难以灵活多变

6.2.3 内部审计沟通的内容、问题与技巧

（1）内部审计沟通的内容

内部审计沟通通常包括四个方面内容，具体如表6-2所列。

表6-2 内部审计沟通的内容

沟通项目	沟通内容
内部审计理念	该沟通主要是在内部审计部门与被审计单位、企业管理层之间的沟通，内部审计部门应在日常工作中在企业内部宣传内部审计文化，让企业内部理解内部审计工作本身的价值在于风险防范、及时纠偏、创造价值
内部审计工作安排计划	内部审计机构在确定内部审计计划包括年度审计计划和项目审计方案后，应将审计计划事先公布，这有利于内部审计部门提前编制审计计划，也有利于企业内部提前把握内部审计工作动态，便于企业内部其他部门提前做好准备以更好配合内部审计部门开展工作。如果内部审计机构将这些工作安排形成常态化的公布形式，则能够促使企业内部相关机构和部门更加关注内部审计机构的工作动态
内部审计结果	内部审计结果沟通是指内部审计机构与被审计单位就审计概况、审计依据、审计发现、审计结论、审计意见和建议进行的讨论和交流。内部审计人员从事审计业务过程中发现被审计单位存在的问题以及内部审计人员依据相关规定形成的审计意见和建议，应和被审计单位进行沟通，并征得其理解和支持，同时解释自己的立场、形成审计意见的原因，以保证审计结果的客观性和公正性
内部审计工作报告	内部审计工作报告是对内部审计工作的开展以及内部审计资源的使用情况的综合报告。 对于董事会或最高管理层而言，报告能使其不必花费大量的时间就能获得所需的有关内部审计工作的总括性信息；对于企业管理层而言，能为其提供详细具体的信息，以满足管理层阶段性的需求。内部审计工作报告是对阶段工作的总结，内部审计机构应当制订定期报送工作报告的制度，以取得企业管理层的认同

（2）内部审计沟通的问题

很多时候有些问题不是沟通双方的主观意愿决定的，而是由客观情况造成的，必须特意规避。内部审计沟通中常见的问题主要包括以下5个。

1）企业高层不重视内审导致的不沟通、少沟通

很多企业内审工作做得不到位，最主要的原因就是企业高层重视不够，他们只关注企业经营管理是否有效，经济效益是否最大化，而忽略了监督的作用。内部审计部门作为对企业经营管理的有效性、企业效益获取的合理性进行监督的主要部门，往往被忽视。这也直接导致在实践过程中内审机构负责人与被审计对象沟通得很少，甚至不沟通。

2）审计人员能力不足导致的无能力沟通

有时候负责审计的人员是从其他岗位调入，如会计岗位，这些人有较丰富的财务会计知识，但审计知识相对较弱，这就容易造成审计人员"无心也无力"沟通的尴尬的局面。

3）审计程序不规范导致的未沟通

例如，审计人员频繁变换导致对内部审计程序不够熟悉，或是审计程序虽设计完善但在执行中由于种种客观或主观问题导致内部审计程序在实际执行中不够规范，最终导致沟通未开展。

4）沟通双方职级不对等导致沟通不彻底

一般来讲，负责内审的机构或人员职级与被审计对象职级大多数是对等的，但在实践过程中，内审机构负责人很少实际参与现场审计或是参与审计沟通，实施审计的项目负责人及审计组成员级别与被审计单位有关人员相比往往职级较低，级别不对等造成了审计人员就某些重要事项很难进行沟通。

5）抵触情绪导致的无法沟通

许多被审计单位对内部审计的认识仍然停留在"查账、找错、搞人"的错误认识上，同时内部审计工作或多或少会影响到被审计单位的实际工作，加上企业对内部审计宣传不到位，使得被审计单位往往对审计工作不了解或是根本不想了解，导致他们往往持有抵触审计的心理，造成根本无法沟通。

（3）内部审计沟通的技巧

为了充分应对沟通中的问题，内部审计人员在与被审计对象沟通时还应掌握必要的技巧，这些技巧可分为：表达技巧、倾听技巧和沟通技巧。

表达技巧指的是作为内部审计人员在进行沟通时应当能够清晰、完整地表达自己的看法，不因表达方式问题而使得被审计单位产生误解。表达必须要观点明

确、表达清晰，切忌不可拐弯抹角。

倾听技巧指的是内部审计人员在对方阐述时切忌不可表现得被动消极甚至假装在听，如此易导致对方抵触或是误解，应用积极的心态去面对沟通、专注倾听，学会换位思考。

沟通技巧指的是内部审计人员在进行审计结果沟通时，需秉承平等、诚恳、恰当和充分的沟通原则，以营造良好的沟通氛围。

6.3 企业内部审计基本审计技术

内部审计技术指的是在审计工作开展过程中用来收集各种审计证据的方法。内部审计人员向有关单位和个人获取审计证据时，可以采用（但不限于）以下8类方法，如图6-13所示。

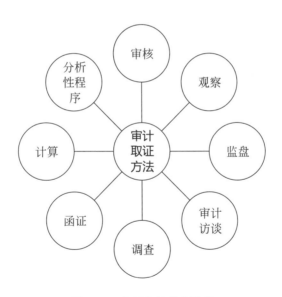

图6-13 内部审计基本技术

6.3.1 审核

审核包括检查与复核2层含义，如表6-3所列。

表6-3 审核的2层含义

项目	含义	具体内容
检查	对审计资料及其他资料从形式到内容进行认真的阅读和审核,以判断其真实性和合法性	① 检查原始凭证时,应注意其有无涂改或伪造现象。 ② 记载的经济业务是否合理合法;是否有业务负责人的签字等
复核	对有关审计资料及其他资料所反映的内容,按照其核算程序、计算要求和勾稽关系进行复查、核实	① 在复核会计资料时,复核各种原始单据所记载的数量、单价、金额及其合计数是否正确。 ② 现金及银行存款日记账上的记录是否与相应的原始凭证记录相一致。 ③ 总账的余额是否与其所属明细账的余额合计数相符。 ④ 总账账户的借方余额合计数是否等于其贷方余额合计数。 ⑤ 总账各账户的借方发生额合计数是否等于贷方发生额的合计数。 ⑥ 会计报表有关项目的金额是否与对应账户的余额或发生额合计数相一致或相联系。 ⑦ 会计报表有关项目的数据计算是否正确,各报表之间的有关项目的数据是否一致

6.3.2 观察

观察指的是内部审计人员实地察看被审计单位的经营场所、实物资产、有关业务活动及其内控的执行情况等,以获取审计证据的方法。

通过观察的方法可以获取环境审计证据,但观察只能帮助内部审计人员对被审事项整体合理性进行评价,而对具体的各项认定不能提供最直接的证据。同时,内部审计人员对于观察中所发现的问题应进一步实施审计。

6.3.3 监盘

监盘指的是内部审计部门对被审计单位各种实物资产及现金、有价证券等项目进行现场盘点,并进行适当的抽查。监盘强调的是盘点工作由被审计单位进行,内部审计部门仅进行现场监督,但在实际监盘过程中,需要谨记不同审计对象的注意事项,如图6-14所示。

需要明确的是,内部审计部门通过监盘方式取得的审计证据主要是为了证实以下2个方面,如图6-15所示。

对于现金等可操作性强、可以事先规划的监盘对象

内部审计部门应事先准备有关的记录表格或调整表格，尽可能开展突击性的监督盘点

对于隐藏可能性小、体积庞大、质量较重的材料和固定资产

内部审计部门可以事先预告被审计单位，甚至要组织被审计单位有关参与人对监盘规划事项进行学习，然后按预定程序开展监盘

对于价值较高的物资

内部审计部门应派人亲自进行抽点，必要时对那些使用较频繁的材料物资也应实施抽点

图6-14 监盘的注意事项

1 资产的实物形态是否真实存在

2 对资产的监盘结果是否与账面金额相一致，如不一致应查明原因并进行调节，其不一致的原因往往包括记录遗漏、短缺、毁损、贪污盗窃等

图6-15 监盘取证的目的

值得注意的是，运用监盘方法获取的往往是实物证据，同时它不能证实以下3个事项，如图6-16所示。

- 无法证实被审计单位是否对资产拥有所有权
- 无法证实被盘点资产确定价值的方式
- 无法证实被盘点资产是否完整

图6-16 监盘取证无法证实的事项

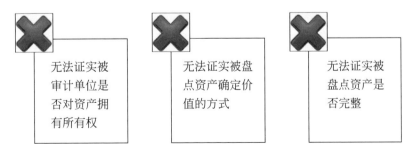

因此，内部审计部门还应另外实施对实物资产的计价和所有权的审计程序。

6.3.4 审计访谈

审计访谈指的是内部审计人员在审计过程中为了获取有关信息，与审计对象关键人员直接面对面进行口头交流，获取审计证据。

由于影响审计访谈效果的因素较多，内部审计人员应在访谈前做好充分准备，尽可能运用语言技巧等规避不可控因素对访谈造成的不利影响，提升审计访谈的质量。

审计访谈可按照参加人数和对访谈的控制程度进行分类，具体如图6-17所示。

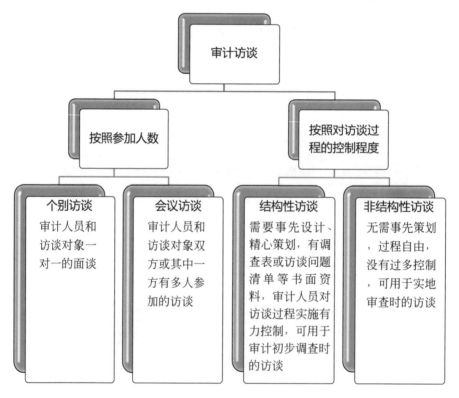

图6-17　审计访谈分类

审计访谈记录表并无统一格式，下面举例以供参考，如表6-4、表6-5所示。

表6-4　审计访谈记录（非结构性访谈）

审计访谈记录

被访谈对象		单位/部门		职务	
访谈内容：					
被访谈人签字： 　　　　　　　年　月　日			审计记录人员签字： 　　　　　　　年　月　日		

表6-5　审计访谈记录（结构性访谈）

审计访谈记录

被访谈对象		单位/部门		职务	
访谈内容： （1）公司是否建立财务制度，依据财务作业内容，确定管理部门和作业流程，授予相应的财务权限，并明确相关人员的职责权限及相应的财务管理程序。 （2）发票开具和收款岗位是否相分离？ （3）对于公司所享受的税收优惠，是否有专人对相关资料进行归集并制作统计清单、备查簿等信息汇总管理？ （4）如何确保所收集、记录的资料信息完整、齐全，所涉及的部门之间如何进行沟通确认？ （5）如何避免所收集资料重复？对于相关信息统计，是否有相关负责人将其与原始资料进行核对，如何表示已经/未经审核，负责人所在职位情况？ （6）对于相关采购发票等进项税发票是否有专人整理并及时到税务部门进行认证抵扣？ （7）对于尚未抵扣但未过期的进项税发票，是否有专人进行汇总统计，并及时记录入账？ （8）对于销项税，贵公司是否有专人（如税务会计）按时进行填列申报，填列时是否以及如何确保核对税收优惠无误，相关申报内容是否有相关负责人进行审核？ （9）支付销项税时相关流程，如是否需要相关负责人审核批准，是否有相关人员监督确保及时交纳税款，相关负责人其职位情况如何？ （10）如何与会计入账人员沟通、核对确认相关入账情况？					
被访谈人签字： 　　　　　　　年　月　日			审计记录人员签字： 　　　　　　　年　月　日		

6.3.5 调查

调查指的是通过查阅被审计单位以外的有关账簿及其他财务资料来获取审计证据。

在检查书面资料和客观实物的同时，内部审计人员还需要对经济活动及其活动资料以内或以外的某些客观事实进行内查外调，以判断真相，或查找新的线索，或取得审计证据，这就需要审计人员深入实际进行审计调查。

6.3.6 函证

函证指的是内部审计人员为印证被审计单位会计记录所载事项而向被审计单位以外的第三者发函询证的一种取证方法。函证的具体流程如图6-18所示。

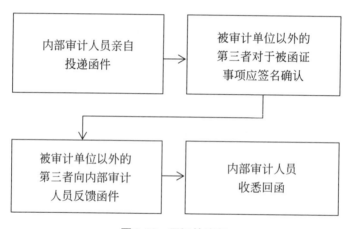

图6-18　函证的流程

如果没有回函或者对于回函结果不满意，内部审计人员应当实施必要的替代程序，以获取相应的审计证据。

6.3.7 计算

计算指的是内部审计人员对被审计单位的审计凭证和审计材料中的数据进行验算或另行计算。

通常而言，计算这种审计方式主要应用在开展财务类审计时。例如，在审计会计报表的过程中，注册会计师需大量地运用计算方法来获取必要的审计证据。

内部审计人员进行计算的目的在于验证被审计单位的凭证、账簿和报表中的数字是否正确。

内部审计人员在运用计算方法取证时，应与被审计单位确定的政策和选定的方法相一致，但在计算形式和顺序上可以按自己认为最有利于提高效率的方式进行，不一定要遵循被审计单位的原定方式和方法。

6.3.8 分析性程序

分析性程序即分析性复核程序，指的是内部审计人员通过分析和比较信息之间的关系或者计算相关的比率，以确定合理性，并发现潜在差异和漏洞的一种审计方法。

分析性程序是获取审计证据的一种重要审计技术和方法，在国际审计界分析性复核已得到深入研究和广泛应用，但是在我国内部审计中分析性程序还较少应用。

分析性程序主要通过对被审计单位重要比率或增减变动趋势进行比较和分析，从而发现信息异常变动及调查异常变动。

通常情况下，分析性程序的具体手段主要包括以下4类，如图6-19所示。

图6-19 分析性程序的具体手段

6.4 计算机辅助审计技术

计算机辅助审计（Computer-Assisted Audit Technique，简称CAAT）指的是内部审计人员在开展内部审计和内部审计管理活动的过程中，以计算机为审计工具执行和完成某些审计程序和任务的一种新兴审计技术。

随着现代信息技术和办公自动化的普及与推广，许多公司的内部审计中开始采用和利用计算机辅助审计技术，以有效提高内部审计效率。

计算机辅助审计技术在长期的实践中形成了一个完整体系，可以使用多种工具来完成。常见的工具有4个，如图6-20所示。

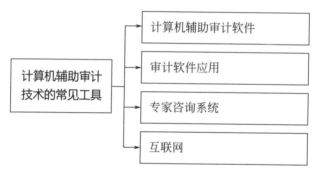

图6-20　计算机辅助审计技术的常见工具

（1）计算机辅助审计软件

计算机辅助审计软件指的是能够帮助审计工作开展的各类计算机应用软件，主要包括以下4类常用软件，如图6-21所示。

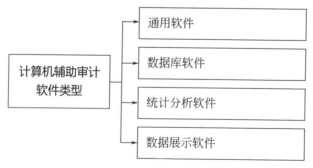

图6-21　计算机辅助审计软件类型

上图中，通用软件指的是各种不分工作内容可以通用的软件，如Microsoft

Office 系列软件（Microsoft Word、Microsoft Excel、Microsoft Access 等）。

数据库软件指的是能够帮助审计人员快速存储并处理大量数据、建立海量数据库的软件，如 Microsoft SQL Server、MySQL、Oracle。

统计分析软件指的是能够帮助审计人员进行数据统计分析操作的软件，如 MATLAB、SAS 等。

数据展示软件指的是能够帮助审计人员快速可视化并分享审计数据信息的软件，如 Tableau、QlikView 等。

总而言之，计算机辅助审计软件可以帮助提升审计全流程中的各环节的工作效率，在信息化时代背景下运用得越来越广泛。

（2）审计软件应用

审计软件应用指的是专门设计用来进行审计工作的软件应用工具，如 ACL、IDEA。其主要功能是用来处理和测试审计数据，但在实践过程中有时也被用于检查重复处理控制程序，以确定计算机系统是否正常运行。

审计软件应用的功能主要包括以下 12 项，如图 6-22 所示。

图 6-22　审计软件应用的主要功能

（3）专家咨询系统

专家咨询系统是通过建立专家信息系统数据库来设定某个领域的知识和思维方式，帮助内部审计负责人和管理层进行正确的审计活动决策。

（4）互联网

互联网的发展使得内部审计人员能够高效开展审计工作，远程控制技术、加密传输技术、大型数据库技术、网络身份确认技术、防火墙技术、虚拟专用网技术、反病毒技术等都在一定程度上推动了网络审计技术的发展。

互联网使得审计人员能够通过网络与被审计单位实现数据共享、提取和分析，在对被审计单位相关信息系统进行测评和高效率的数据采集与分析的基础上，能够对被审计单位各项业务数据与管理活动的真实性、合法性和效益性进行实时、远程的检查监督和评价。

6.5 风险导向审计技术

风险导向审计指的是内部审计人员以审计风险模型为基础进行的审计。风险导向审计是一种专业审计风险的方式，这种审计方法主要针对企业风险评估和风险应对。企业风险审计是审计机构对企业的风险管理系统、各业务循环、相关部门风险进行的分析与评价，而风险导向审计则在传统的风险审计中引入了新技术和新理念，对企业的重大错报风险和审计检查风险进行评估，通过分析和评估各种风险内容，提高企业风险预警以及风险防范能力。

风险导向审计要求企业同时重视降低审计风险与提高审计工作效率（节省审计成本），需要企业内部审计人员选择审计策略以达到审计效果和审计效率之间的最优均衡点，如图6-23所示。

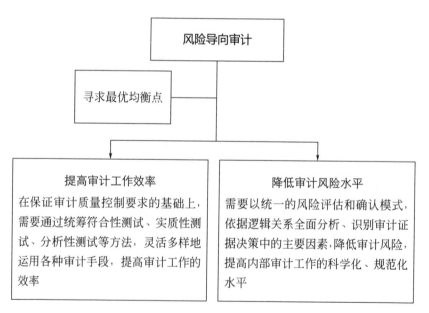

图6-23　风险导向审计作用

风险导向审计在我国推进的过程中存在诸多问题，目前主要存在的问题包括以下3个方面，如图6-24所示。

> **审计实务与审计准则不匹配**
>
> - 我国目前应用的审计准则与审计实务不够吻合,这就导致审计实务的效率无法得到保证。传统审计准则缺乏全面性,将财务报表作为重点内容,却没有对战略以及各个环节的风险正确评估,以至于内部审计人员在开展审计工作的时候对重难点的把握不够准确。内部审计准则没有结合内部审计实务及时更新和变化,两者的匹配程度越来越低,不利于审计工作质量的提高

> **审计执法体系不够完善**
>
> - 我国针对审计职业环境制定的法律法规已经有很多,并且在实践中起到了一定的约束效果,但从具体的内容来看,我国的法律体系还需进一步全面,仍存在一些细节问题,可操作性有待提高。在实践中,内部审计实务工作量大,涉及面广泛,我国相关法律法规的基础稳固性较低导致内部审计工作的局限性就会更强,较难确保风险导向审计模式的形成和应用

> **审计人员综合素质不够高**
>
> - 内部审计实务工作量大、难度大,对从事审计工作的人员要求较高,但是目前我国的内部审计人员综合水平仍然较低,无法满足当前内部审计工作开展的需求
> - 内部审计职业的专业性强,如果内部审计人员缺乏丰富的经验和知识,便无法切实开展审计工作,工作效率和质量都无法保证
> - 内部审计工作关系到企业的发展和运营,如果内部审计人员的道德素质不高,那么企业将会面临巨大的风险

图 6-24　风险导向审计存在的问题

风险导向审计模式蕴涵了大量创新的理念、科学的程序与先进的技术,在内部审计工作中主要有以下 3 个方面的应用。

(1) 促进企业全面评估风险

风险导向审计的直接作用就是帮助企业发现潜在风险并应对风险问题,提升企业的风险防御能力。它可以帮助企业全面看待风险,进行有效评估。过往的企业风险审计中,将重心集中于对企业风险的审计测试,重点工作内容为审计测试,而风险导向审计则将工作重心转移到普通风险评估难以发现的高风险审计区域,

加强对风险评估程序的控制,能够帮助企业进行更加全面的风险审计工作。

(2)促进企业提升审计质效

风险导向审计是一种以审计风险模型为基础进行的审计,能提高内部审计人员审计工作的效率。通过开展风险导向审计,内部审计部门可以更加系统地、高效地分配审计人员,从而进行更为高效的风险审计,在节约风险审计时间的同时,也提升了风险审计的效率。

(3)帮助企业解决各项风险问题

通过风险导向审计,企业能够对其内部的各项风险,特别是财务报告方面的错报风险进行有效的评估。能够最大限度地避免财务报告方面的舞弊行为,保证了财务工作的准确性,提高了企业的财务工作质量,降低了财务风险的发生。

风险导向审计能够帮助发现企业经营管理团队中的风险因素,及时进行风险评估,改善企业的管理,对企业经营交易等活动的风险进行有效评估。风险导向审计在审计过程中能够针对企业内部审计工作管理控制中的不足提出意见,帮助进行审计部门人员和工作流程的优化,全面降低由审计内部带来的风险问题,进一步提升企业对风险审计工作质量的管控。

第 7 章

企业内部
审计工作质量控制

《第2306号内部审计具体准则——内部审计质量控制》规定内部审计质量控制指的是内部审计机构为保证其审计质量符合内部审计准则的要求而制定和执行的制度、程序和方法。本章将介绍企业如何有效进行内部审计工作质量控制。

7.1 健全企业内部审计组织保障机制

企业内部审计工作的组织保障机制包括内部审计部门的设置与内部审计人员的配备,它将影响企业内部审计工作的质效。

企业内部审计工作质量归根结底取决于内部审计部门与内部审计人员的独立性与专业性,如果一家企业的内部审计部门及其审计人员缺乏专业的审计知识,且从组织架构上并不独立,则会严重影响企业内部审计工作的开展。下面举个例子来说明。

> **案例1**
>
> A公司共有员工500人,其审计部设在财务部名下,由财务部总经理B兼任审计部总经理。审计部共有2名员工,包括审计部主管C、审计人员D,审计人员是刚入职的大学生,而审计部主管则是从财务部调入的。
>
> 某日,A公司董事长接到举报称,财务部总经理B私自挪用公款,而以往内部审计工作中并未发现该情况。经查,系B利用职务之便迫使C不得在审计报告中写出该问题,而D由于是刚入职的大学生,缺乏审计经验,全权听取C的指示,最终导致审计部出具了不客观的审计报告。
>
> 从上述案例可以看出,企业应建立并健全内部审计组织保障机制,以保证内部审计部门独立于企业其他部门,保证审计工作的顺利开展。

7.2 建立企业内部审计质量控制制度

如果说内部审计组织保障机制是企业内部审计工作质量的"硬保障",那么内部审计质量控制制度就是企业内部审计工作质量的"软保障"。组织保障机制能够间接地提升企业内部审计工作质量,而内部审计工作质量控制制度则是企业专门制订的、用来直接作用于提升内部审计工作质效的制度工具,以保证内部审计工作有章可循,有据可依。下面我们来举个例子说明。

案例2

接7.1节的案例1，A公司董事长在发现财务部徇私舞弊后，将B、C开除，D留用，并重新调整了审计部的架构，使其直接向董事长汇报工作，并外聘了专业的审计人才E担任审计部总经理、F担任审计部主管，同时听取E的意见，建立了审计质量控制制度，部分条款如表7-1所列。

表7-1　A公司内部审计质量控制制度（部分条款）

A公司内部审计质量控制制度
第一条 审计部的组织架构：董事会下设审计部，审计部直接向董事会负责。 第二条 审计部工作汇报路径：审计部直接向董事长汇报工作，且任何部门无合理理由必须配合审计部的各项审计工作。 第三条 审计人员招聘与培养：审计部总经理、主管、员工不得由其他部门人员兼任，且人力资源部应配合做好岗前入职培训和岗中后续教育。 第四条 审计人员晋升和绩效考核：审计部总经理、主管与员工的考核与晋升均由董事会负责。 ……
经办：　　　　　　复核：　　　　　　签批：

上述要求从制度层面大大提升了审计部的权威性和独立性。A公司自此再未发生一例徇私舞弊事件。

从上述案例可以看出，每家企业都应建立合理的内部审计质量控制制度，将各项工作要求予以制度化、规章化，这才能从源头上为促进内部审计健康、有序发展提供制度保证。

在审计实践中，建立企业内部审计质量控制制度通常包括以下3个方面，如图7-1所示。

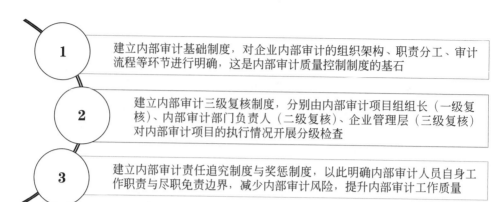

图7-1 建立企业内部审计质量控制制度的内容

7.3 健全企业内部审计人员控制机制

人员控制机制指的就是企业通过强化人员准入、培养、教育和晋升等环节来搭建的企业人才内部控制机制。

随着企业规模的扩大,企业内部审计部门会面临审计任务持续增多但审计人员仍相对有限的局面,如果不能持续稳定地引入或培养审计人才,会导致高素质审计人员工作热情降低甚至出现离职的情况。充沛的高素质审计人才是托起企业内部审计工作质量的核心力量,这时就需要健全人员控制机制来培养与巩固企业审计人才。下面来举例说明。

> **案例3**
>
> 接7.2节的案例2,A公司董事会计划今年在Z市区开设子公司并设立审计部,认为现有审计人才太少,计划开启内部人才培养与外部人才引进政策,壮大公司审计人才队伍,以应对愈发繁忙的审计业务。经A公司人力资源部与审计部商议,人力资源部将发布Z市审计招聘信息,并对新入职员工配置专业的岗前培训,同时不定期聘请外部审计专家来公司内进行专题培训,并将取得注册会计师(CPA)、国际注册内部审计师(CIA)资格作为审计人员晋升条件。
>
> 通过一年的努力,Z市子公司审计部人才队伍已搭建完毕,各项审计工作均推进良好。
>
> 从上述案例可以看出,企业应建立并健全审计人员控制机制,持续培养审计人才队伍,才能应对日益繁重和专业复杂的内部审计工作。

总而言之，企业应持续强化内部审计人员的综合素质与业务技能，以此提高内部审计工作质效，主要包括以下3个方面，如图7-2所示。

图7-2　健全企业内部审计人员控制机制的内容

7.4 采用多种审计工作质量控制手段

除了健全企业内部审计组织保障机制、建立企业内部审计质量控制制度和健全企业内部审计人员控制机制外，企业还应采用多种审计工作质量控制手段，来保障内部审计质量。在审计实践中，企业审计工作质量控制手段通常包括审计督导和自我质量评价2个方面。审计督导和自我质量评价作用的发挥程度决定了审计工作质量的优劣，如果督导和评价结果较差，还能反过来迫使内部审计人员继续提高职业水平和业务能力，进而继续推动企业内部审计工作的改善。

在审计实践中，企业通常设立审计委员会制度和跟踪审计机制，来分别实现审计督导和自我质量评价，如图 7-3 所示。

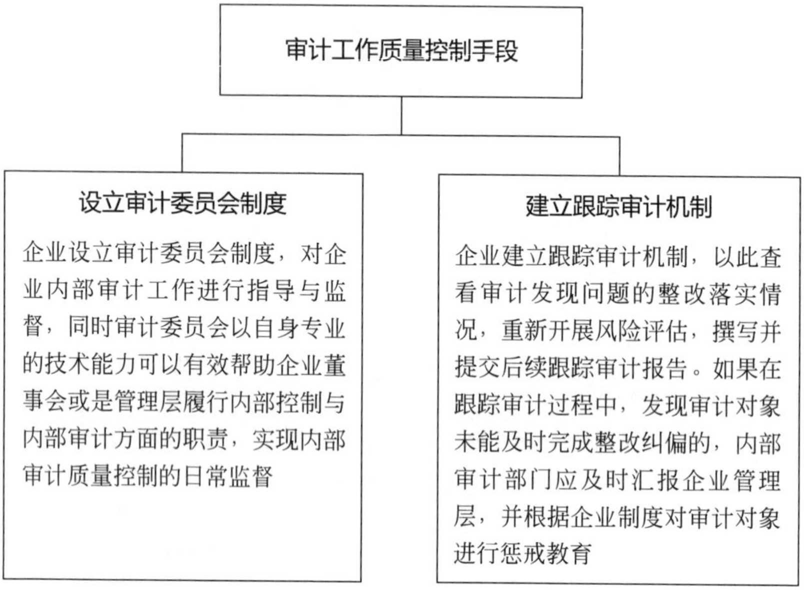

```
                    ┌─────────────────────┐
                    │  审计工作质量控制手段  │
                    └──────────┬──────────┘
                    ┌──────────┴──────────┐
          ┌─────────▼────────┐  ┌─────────▼────────┐
          │  设立审计委员会制度  │  │  建立跟踪审计机制  │
          └──────────────────┘  └──────────────────┘
```

设立审计委员会制度：企业设立审计委员会制度，对企业内部审计工作进行指导与监督，同时审计委员会以自身专业的技术能力可以有效帮助企业董事会或是管理层履行内部控制与内部审计方面的职责，实现内部审计质量控制的日常监督

建立跟踪审计机制：企业建立跟踪审计机制，以此查看审计发现问题的整改落实情况，重新开展风险评估，撰写并提交后续跟踪审计报告。如果在跟踪审计过程中，发现审计对象未能及时完成整改纠偏的，内部审计部门应及时汇报企业管理层，并根据企业制度对审计对象进行惩戒教育

图 7-3　审计工作质量控制手段

7.5　规范审前、审中、审后全过程

企业应规范审前、审中、审后的全过程，针对各个环节均应明确具体的工作要求及具体负责人员，同时要求定期反馈和报告工作进度并明确下阶段的工作目标，以此实现内部审计项目的全过程控制。

在内部审计工作开始前，企业内部审计部门应严格规范以下 2 个方面的准备工作，如表 7-2 所列。

表 7-2　审前阶段的措施规范

审前阶段的措施规范	具体内容
做好审前调查工作	了解被审计单位经营活动、重大项目运作、内部控制情况等； 了解被审计单位外部市场环境、行业法规等； 了解被审计单位管理层的经营理念、业务素质水平等； 收集经营业务手册、内部控制制度等资料，了解被审计单位内部管理工作情况

续表

审前阶段的措施规范	具体内容
制订科学的审计计划和审计方案	熟悉与被审计单位和被审计事项有关的法律法规与规章制度； 了解被审计单位的基本情况，根据审计目的，确定审计的范围与重点； 根据了解到的被审计单位基本情况，对其内部控制和审计风险进行初步评估； 制订科学的审计计划和审计方案

在内部审计工作进行中，企业内部审计部门应严格规范以下4个方面的审计工作，如表7-3所列。

表7-3 审中过程的措施规范

审中过程的措施规范	具体内容
采取合适的审计方法	在风险审计模式的基础上，以风险分析和控制为出发点，综合运用各类测试方式，从而有效降低审计风险； 按照规范的操作程序，做好审计证据收集与整理工作
采取科学的审计抽样方法	结合内部审计人员的经验判断和专业知识，采取判断抽样的方式进行审计抽样； 利用统计抽样，随机选取样本并以样本的审计结果来推导总体的风险水平； 将上述判断抽样与统计抽样的方式结合使用，能够同时保证抽样的合理性和客观性
严格执行审计程序	按照内部审计准则和审计方案要求，严格执行审计程序； 结合被审计单位的具体经营管理情况，随时对审计程序进行微调，以最大程度提升审计效能
规范审计报告	严格审计报告格式，保证客观公正，证据充分，内容全面，重点突出，语言精练，格式规范，责任明确，建议可行

在内部审计工作结束后，企业内部审计部门应严格规范以下2个方面的审计后续工作，如表7-4所列。

表7-4 审后阶段的措施规范

审后阶段的措施规范	具体内容
进行后续审计	定期对被审计单位进行后续审计，了解被审计单位是否对审计报告中发现的问题进行了纠正，审计建议是否得到采纳； 根据被审计单位的反馈情况，查漏补缺，持续完善自身审计业务水平
规范审计档案管理	对于已结项的审计项目，及时进行工作底稿等材料的归档，生成正式的审计档案，由专人、专库进行保管； 规范审计档案的查询、复制、转移和销毁等环节的管理工作

第 8 章
信息化环境下的内部控制与内部审计

在当今互联网时代，企业在财务处理、资料存储等方面逐步实现数字化和无纸化，这使得经营管理更加便捷，但也面临诸多问题与风险，如信息泄露、数据损坏或被恶意窃取等，这给企业内部控制与内部审计工作提出了新的难题。

8.1 信息化环境下内部控制的特点

信息化环境指的是企业实现了信息化管理的一种环境。随着信息时代的发展，计算机、网络、通信等信息技术得到了快速发展，构筑起了数字化和网络化的活动环境。

企业信息化主要指的是信息技术在企业经济活动中被广泛采用、在技术层面高度发展、在知识层面资源化。企业在生产、经营及其管理各项活动中充分利用现代信息技术和信息设备，辅助以网络技术和网络设备以及自动控制技术和现代化通信系统等手段对企业进行全方位、多角度、高效和安全的改造，实现信息资源的深入开发和广泛利用，实现企业生产过程的自动化、管理方式的网络化、决策支持的智能化、商务运营的电子化，不断提高生产、经营、管理、决策的效率和水平，进而提高企业经济效益和竞争力。

信息化改变了企业数据存取、保存、传递的方式和生产经营模式，提高了业务运转与管理的效率、业务流程的自动化以及信息的价值化。信息化也给企业内部控制带来了新的机遇和巨大的挑战，在这样的环境下，企业内控的特点发生了以下改变。这些变化包括9个方面，如表8-1所列。

表8-1 信息化环境下内部控制特点的变化

特点的变化	具体内容
内部控制对象扩大化	在非信息化环境中，企业内部控制的对象主要是处理会计业务的财会人员。在会计信息化下，大多数会计数据的处理以及报表的生成都是通过计算机自动完成的，计算机的重要性也就不言而喻了。此外，计算机的硬件配置、软件的开发与维护、网络管理也显得尤为重要。因此，信息化下企业内部控制的重点由以对人的控制为主转变为对人、计算机和互联网等的控制
企业组织结构复杂化	在非信息化环境下，企业的会计部门主要由会计专业人员组成。在实现企业环境信息化后，会计部门则由会计专业人员和计算机管理人员、技术人员等共同组成
内部控制重点精简化	在非信息化会计环境下，企业以账簿、报表、凭证等的信息真实性和完整性为企业内部控制的重点。而在企业会计信息系统中，企业的过账以及编制报表等由财务软件自动完成，数据输入是所有会计工作的源头。会计数据的准确和可靠是企业会计核算的基本依据。只有保证数据输入的质量，才可以保证所有的会计数据处理和报表生成的准确性、有效性、实用性和真实性。数据信息获取及处理也就成为企业内控的重中之重
内部控制范围扩大化	在非信息化环境下，企业内部控制是以本企业会计信息为重点。在信息化会计环境下，企业内部控制扩展到相关企业会计信息的控制，包括了供应商、销售商、竞争者、合作者等。企业会计信息化通过建立起一个包含企业整个运行体系的会计核算系统，对企业的采购、付款、生产、销售、收款等环节进行核算。在建立网络化的信息系统后企业的会计系统能够对企业资源的运行状况进行实时的动态反映，从而将内部控制的范围扩大到整个企业，实现了企业内部控制的全程化

续表

特点的变化	具体内容
内部控制方式多样化	在传统非信息化环境中，企业的内部控制主要是靠人员还有职位的内部牵制，会计工作都是按照一定的步骤和程序完成，任何一个步骤都可以实现对前面工作的复核。而信息化环境下，会计账务的处理都是由财务软件来实现，企业的部分内部控制功能已经转移到了计算机内，都能够通过编制成为相对应的规范化的程序自动执行工作而不需要人为干预。会计信息化环境下的内部控制方式已经由人工控制转向人工控制与计算机程序控制的多样化控制方式
内部控制技术现代化	在非信息化环境下，企业数据保护工作非常重要，不仅关系到企业会计信息是否安全、企业的经济利益是否受损，还是防止相关人员作弊和犯错误的源头性措施。信息化下的内部控制加强了数据保护技术，包括编码技术、数据校验技术、计算机文件防篡改加密技术、网络安全技术和计算机防病毒破坏技术等。内部控制技术的现代化是不可避免的发展趋势
授权审批的改变	授权审批制度是企业内部控制的重要措施。在非信息化环境下，授权审批的程序主要是通过业务审批、人员签章来完成。在信息化环境下，授权与审批一方面体现在原始单据的整理阶段，另一方面体现在对会计信息系统的人员权限设置方面
存储介质无纸化	在非信息化环境下，企业各项经济业务是记录于书面纸张，是实体化的载体。但在会计信息化环境下，企业各项经济业务是存储于电、磁介质上，是肉眼不可见的，实现了"无纸化"存储
档案内容的多元化	传统非信息化环境下企业各项档案主要是纸质的原始单据，原始记账凭证，各类账簿、报表、财务报告等重要的资料和数据。而在实现环境信息化后，企业各项档案的概念和内容有了很大改变，整个系统开放形成的全套文档资料都属于会计档案的范畴，如系统开发、建立、升级使用的全套文档资料，存储在电、磁等介质上的会计数据，计算机打印输出的书面等形式的会计数据，档案种类更为多元化

8.2 信息系统内部控制标准——COBIT

COBIT 即 Control Objectives for Information and Related Technology，中文是"信息及相关技术控制目标"。COBIT 是目前国际上公认的最先进、最权威的安全与信息技术管理和控制的标准，用来规范 IT 治理并提高 IT 治理水平，防范控制风险。

COBIT 将 IT 资源、IT 过程及信息准则与企业的策略与目标联系起来，形成一个三维的体系结构，如图 8-1 所示。

（1）COBIT 的特点

COBIT 将 IT 过程、IT 资源和与业务要求相适应的 IT 目标结合起来，从信息技术的规划与组织、获取与实施、交付与支持、监控与评价等四个方面确定了 34 个处理过程。COBIT 的特点主要有以下 4 个方面，如图 8-2 所示。

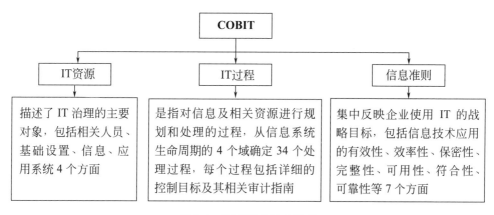

图 8-1　COBIT 的三个维度

关注业务

- 在 IT 能够满足企业战略管理的前提下，IT 目标的制定则必须要明确业务要求者的关系，企业管理层需要明确作为 IT 目标什么应该交付，什么不应该交付，将企业的战略目标转化为 IT 业务的目标，COBIT 能够为此提供良好的支持

面向过程

- COBIT 并不是单纯的功能性应用，而是面向过程，COBIT 设立了 RACI 图（权责分配设计图），当过程目标无法实现时，可以通过 RACI 图找到每个环节的负责人，从而追根溯源地发现问题并从根本上解决

基于控制

- COBIT 认为内部控制是通过设计政策、程序、惯例、组织架构来实施，为达到业务目标或及时监测、纠正和防止风险事件发生提供保障
- COBIT 逐一明确了 34 个过程的详细过程控制目标，而且还为每个过程提供了一个可参照的范例

度量驱动

- COBIT 为 34 个过程逐一定义了有效可靠的指标体系，企业可以借助 COBIT 的成熟度模型来识别当前状态并确定将来的状态。成熟度模型为企业管理和 IT 过程控制演进的每个阶段进行了一般性描述

图 8-2　COBIT 的特点

（2）实施COBIT的重要意义

实施COBIT帮助企业在商业风险、控制需要和技术问题之间架起了一座桥梁，满足了企业管理的多方面需要。

COBIT标准体系能够指导企业有效利用信息资源，有效地管理与信息相关的风险，其对企业实现内控管理具有重要意义，如图8-3所示。

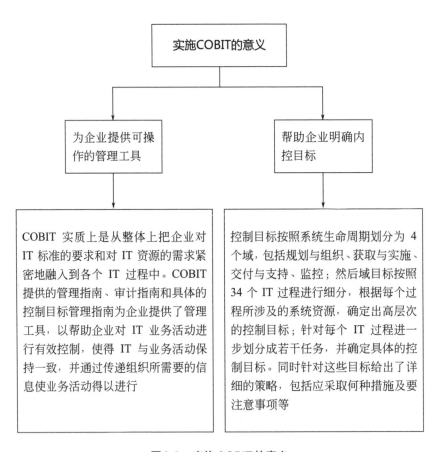

图8-3　实施COBIT的意义

（3）COBIT在内部控制和风险管理方面的应用

COBIT在企业内部控制和风险管理方面的应用主要包括以下2个方面，如图8-4所示。

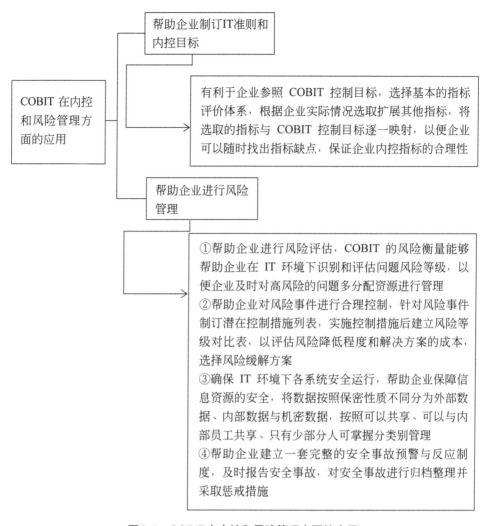

图8-4　COBIT在内控和风险管理方面的应用

8.3　信息系统的内部审计

随着大数据在企业经营管理当中的广泛运用，企业的信息系统越来越完善，信息系统逐渐与企业经营管理目标有机融合，成为不可分割的一个整体。企业在开展内部审计工作时不可避免地会涉及信息系统应用及管理问题。

根据《第2203号内部审计具体准则——信息系统审计》，信息系统的内部审计指的是内部审计机构和内部审计人员对组织的信息系统及其相关的信息技术内控和流程所进行的审查与评价活动。

（1）信息系统内部审计的内容

信息系统内部审计的内容主要包括以下4个方面，如图8-5所示。

- **真实性**：信息系统中的数据是否真实，是否能够反映企业实际生产经营活动
- **合法性**：信息系统的运营管理是否合法，数据的使用、转移、删除等操作是否符合法律法规
- **安全性**：信息系统的运营管理是否安全，是否存在遭受外部入侵、内部盗用等恶意风险事件的可能
- **效益性**：信息系统的使用是否为公司业务发展、财务、人员安排等日常经营管理活动提升效率

图8-5 信息系统内部审计的内容

（2）信息系统内部审计的程序

随着信息技术在企业业务经营、人员管理、财务安排等各种经营管理活动中广泛应用，企业开展信息系统内部审计显得愈发必要，而在实践中企业要对信息系统建设期和运行期间实行审计。

下面简要介绍信息系统内部审计的程序。

1）信息系统建设期内部审计的程序

信息系统建设期的内部审计侧重于对系统的安全性、合法性和效率性进行审计，该阶段的内部审计程序主要包含以下3个步骤，如表8-2所列。

表8-2 信息系统建设期内部审计的程序

序号	步骤	具体内容
1	查阅项目签订的相关文件	● 调阅项目立项文件、可行性研究报告、招投标文件、初步设计等资料，了解项目的建设背景、系统承担的职责和业务内容，检查文件签署是否合规。 ● 结合信息系统招投标资料、合同文件、项目过程性文件，了解信息系统功能实现的方式和目标，对比项目建设进度和已完工情况与建设计划安排是否匹配

续表

序号	步骤	具体内容
2	检查合同文件的执行情况	调阅合同文件、项目过程性文件,检查预验收、初步验收、终验收的时间节点与合同约定是否一致,是否存在延期情况,如有延期是否进行赔偿,各类款项是否按照合同及时支付。 审查信息系统功能是否按照计划设计实现,是否有补充协议,如有,是否包含在原主合同内
3	检查项目承包商的资质	查看项目承包商的资质证书,与投标情况进行对比,是否存在资质不符的情况

2)信息系统运行期内部审计的程序

信息系统运行期的内部审计侧重于对系统运行的安全性、系统操作的正确性和系统数据的真实性进行审计,该阶段的内部审计程序主要包含以下4个步骤,如表8-3所列。

表8-3 信息系统运行期内部审计的程序

序号	步骤	具体内容
1	检查信息安全等级备案情况	检查信息系统是否进行信息系统等级备案,核实是否存在安全漏洞
2	检查日常备份及应急预案情况	检查信息系统常规备份及应急预案建设情况,关注被审计单位是否进行日常备份还原及应急演练; 可以要求被审计单位现场操作备份还原及应急演练
3	检查信息系统权限管理	在信息系统查询不同用户的账号、权限分配情况,是否存在多人共用同一账号、多个账号权责分配不合理的情况,可采取问卷调查、访谈等形式
4	调查信息系统数据管理	核查数据库数据的准确性,检查是否有数据漏传、技术不健全等问题; 调查财务和业务系统,检查业务系统数据与财务数据是否一致,二者业务数据口径是否匹配; 调查核心数据库数据与财务数据是否一致,财务数据系统是否存在未达账款或未入账等情况

8.4 持续性财务报告与持续性审计

随着企业经营管理活动信息化、系统化,企业能够更加高效、迅速地调取财务数据、业务数据等信息。传统的财务报告是定期报告,如年度财务报告、中期财务报告，财务报告的数据都是特定时间的取数。

随着企业信息化系统构建完善，企业能够持续跟踪业务数据、交易数据和财务数据等信息，形成实时的或短期的财务报告，此类财务报告即称为**持续性财务报告**。

持续性审计指的是内部审计人员在企业连续获取上述数据信息时或稍有短期滞后时，即在企业进行各项交易或披露实时财务报告的同时或滞后一段时间内，对业务交易和该类持续性财务报告的真实性、可靠性和完整性进行评价和审计。

（1）持续性审计的必然性

持续性审计的出现有着外部和内部两方面的必然性，如图8-6所示。

内部数据信息化的结果

随着 ERP（Enterprise Resource Planning，企业资源计划）系统和信息系统的广泛使用，原有传统的审计线索已经日渐模糊和难以取证，信息化环境下催生的信息化数据倒逼内部审计部门改变原有审计模式，针对更加易取的实时数据进行审计

增强外部公信力的需要

在资讯信息迅猛发展的今天，外部投资者和市场越来越需要企业及时、全面披露企业财务数据和审计报告，这也促进了持续性财务报告和审计的发展

图8-6　持续性审计的必然性

（2）持续性审计的特点

与传统审计不同，持续性审计有着以下4个方面的特点，如图8-7所示。

审计过程的连续性

- 持续性审计要求审计工作融入企业的生产经营过程。只要企业在持续经营，那么审计工作就会伴随生产经营过程持续进行下去。在持续性审计下，内部审计部门制订的审计计划、控制评估、风险评估、审计报告等都是连续进行的。上一个期间审计报告完成并签发的同时，内部审计部门就需要开始下一个期间审计计划的制订，进而开展下一期间的审计工作

审计信息的及时性

- 持续性审计要求提供的审计数据信息必须是及时的甚至是实时的。传统的审计工作是在既定的时间内，对过去已经发生的事项进行审计，其提供的审计信息在时效性上很弱，这样的审计信息对于企业管理层做出及时的决策帮助性不大。持续性审计则强调在交易事项发生后或者发生时立即进行审计，提供的审计信息具备及时性甚至是实时性，进而也符合会计信息质量要求中重要性、相关性原则

审计程序的自动化

- 持续性审计的进行是在企业信息化和网络化环境下进行的，要求被审计单位与审计部门都应该置身于信息网络中。在信息化和网络化环境下，持续地完成审计计划的制订、审计证据的取得以及审计报告的发布对于内部审计部门来说难度较大，内部审计部门开展持续审计必须拥有数据分析工具
- 持续性审计要求及时发现被审计单位的问题，则审计部门必须拥有一种网络触发工具，能够在被审计单位问题发生当时便通过信息系统或网络及时传递到审计部门，由审计部门进行分析，进而将审计结果发还给被审计单位并且予以公布。在这样的审计要求下，持续性审计必须拥有高度自动化的审计工具或程序，才能保证持续性审计工作的正常开展

能够对企业内控情况进行测试

- 持续性审计是控制风险型的审计，重点在于被审计单位信息系统中内部控制的适时性和有效性。通过对被审计单位内部和外部经营环境的全面评估，审计部门能够顺便对企业整体的内部控制制度运行情况和效果进行测试，能够促进完善企业内部控制，降低后续审计风险，持续提高审计质量

图8-7 持续性审计的特点

（3）持续性审计的程序

在我国持续性审计尚未广泛应用，下面给出持续性审计的建议程序以供参考，如图8-8所示。

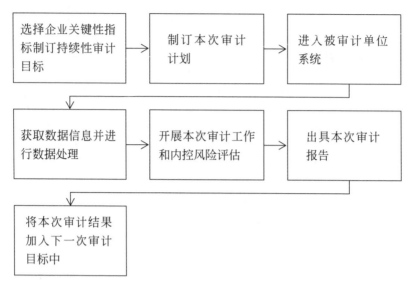

图8-8　持续性审计的程序

8.5　可扩展业务语言

可扩展业务语言（eXtensible Business Reporting Language，XBRL）是基于互联网、跨平台操作，专门用于财务报告编制、披露和使用的计算机语言，能够基本实现数据的集成与最大化利用，是国际上将会计准则与计算机语言相结合，用于非结构化数据，尤其是财务信息交换的最新公认标准和技术。

可扩展业务语言通过对数据统一进行特定的识别和分类，可直接被使用者或其他软件所读取及进一步处理，实现一次录入、多次使用，实现高效的数据资料共享。

（1）可扩展业务语言的功能

对于企业而言，可扩展业务语言有以下2个方面重要功能，如图8-9所示。

（2）以可扩展业务语言为基础制订的财务报告的优点

以可扩展业务语言为基础制订的财务报告具有以下的5个方面的优点，如图8-10所示。

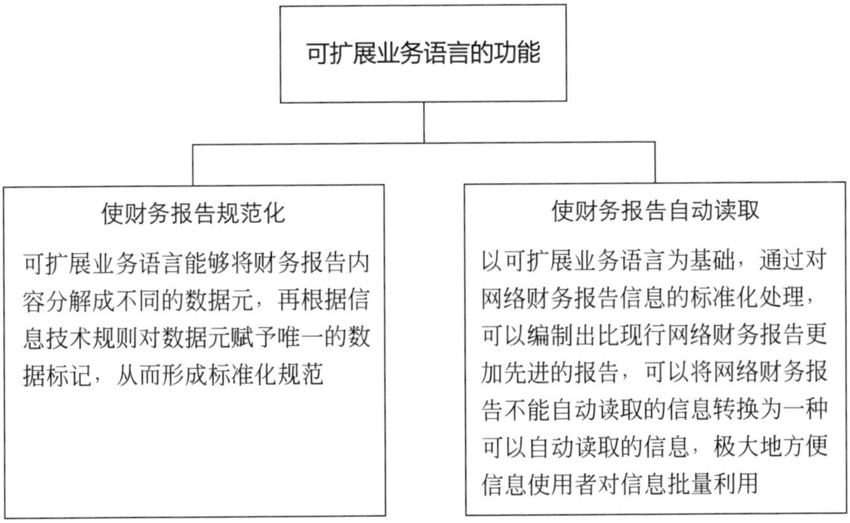

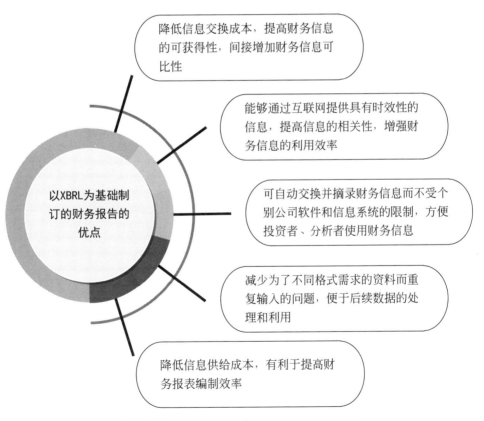

图8-9 可扩展业务语言的功能

图8-10 以XBRL为基础制订的财务报告的优点

(3) 可扩展业务语言的技术框架

可扩展业务语言的技术框架主要有3个组成部分，如图8-11所示。

XBRL规范

- XBRL 规范是一份由官方制订的技术说明书，它是 XBRL 分类标准产生的依据，是 XBRL 技术的总纲。规范定义了 XBRL 的各种专业术语，规范了 XBRL 文档的结构，说明了如何建立分类标准以及实例文档，并对 XBRL 标签做出统一的规定，要求文件开发者共同使用，以利于实现标准资料的互换

XBRL分类标准

- 该标准包括一个 Taxonomy Schema(.xsd) 文件和计算、定义、标签、展示、引用这 5 个数据库链接文件
- 明确了一系列要素，包括要素命名、ID 属性、要素类型等内容；描述了要素之间的数学和定义关系，对每一个数据都可以通过语境标签、计算关系、表现形式、规则定义、参考关系进行约束和规范

XBRL实例文档

- XBRL 实例文档是 XBRL 产出结果的载体。由于 XBRL 是一个可扩展标记语言（XML）的跨平台的数据传输标准，只要用户的浏览器支持可扩展标记语言，就能够浏览和下载 XBRL 格式的财务报告

图8-11 可扩展业务语言的技术框架

(4) 可扩展业务语言环境下的持续性审计

可扩展业务语言环境下的持续性审计能够提高审计质效，主要表现在以下6个方面，如图8-12所示。

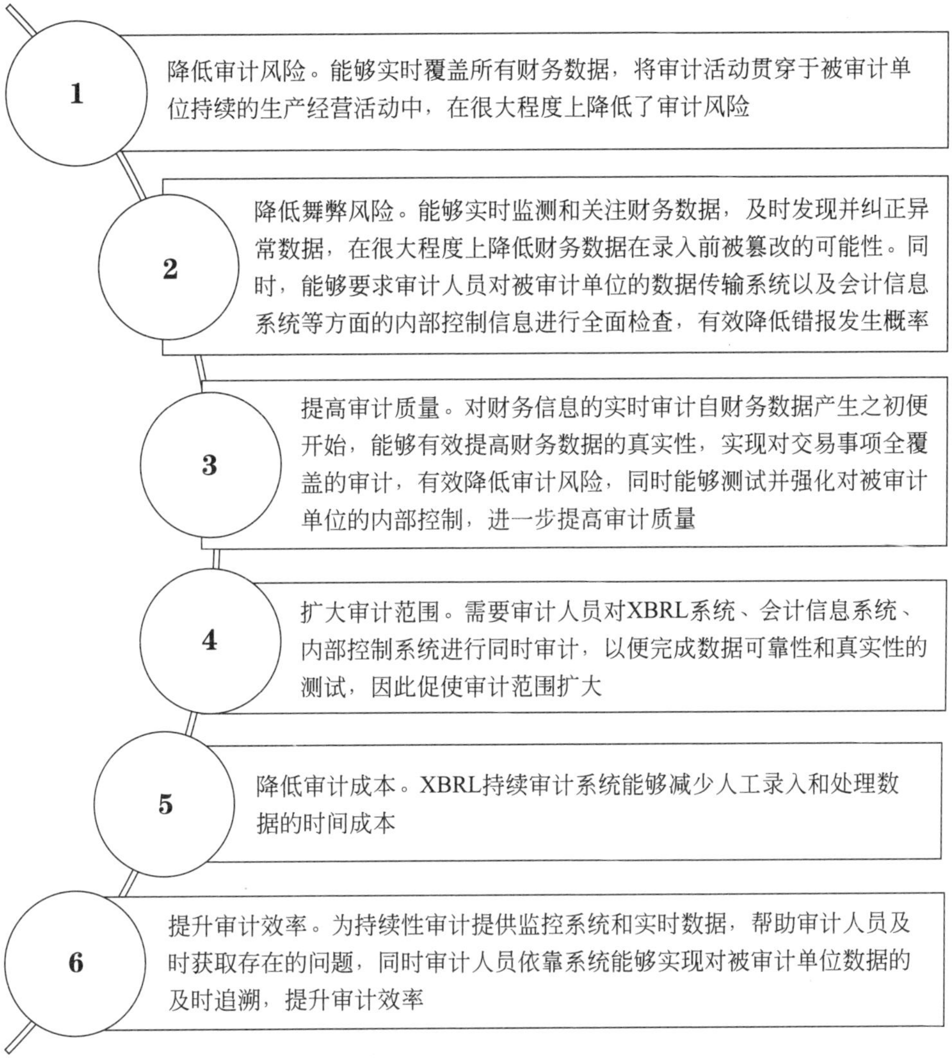

1. 降低审计风险。能够实时覆盖所有财务数据,将审计活动贯穿于被审计单位持续的生产经营活动中,在很大程度上降低了审计风险

2. 降低舞弊风险。能够实时监测和关注财务数据,及时发现并纠正异常数据,在很大程度上降低财务数据在录入前被篡改的可能性。同时,能够要求审计人员对被审计单位的数据传输系统以及会计信息系统等方面的内部控制信息进行全面检查,有效降低错报发生概率

3. 提高审计质量。对财务信息的实时审计自财务数据产生之初便开始,能够有效提高财务数据的真实性,实现对交易事项全覆盖的审计,有效降低审计风险,同时能够测试并强化对被审计单位的内部控制,进一步提高审计质量

4. 扩大审计范围。需要审计人员对XBRL系统、会计信息系统、内部控制系统进行同时审计,以便完成数据可靠性和真实性的测试,因此促使审计范围扩大

5. 降低审计成本。XBRL持续审计系统能够减少人工录入和处理数据的时间成本

6. 提升审计效率。为持续性审计提供监控系统和实时数据,帮助审计人员及时获取存在的问题,同时审计人员依靠系统能够实现对被审计单位数据的及时追溯,提升审计效率

图 8-12 可扩展业务语言环境下的持续性审计的作用

8.6 电子商务活动的内部审计

电子商务指的是在计算机互联网的支持下进行的商务活动。电子商务能够在线帮助企业实现以下 2 个方面功能,如图 8-13 所示。

企业内部经营管理	企业对外经营活动
企业市场调查分析、财务核算、生产安排等多项利用计算机互联网的商务活动	企业网上的广告宣传、咨询洽谈、采购、付款、交易管理、客户服务和货物递交等售前、售中和售后服务

图8-13　电子商务帮助企业实现的功能

电子商务活动的内部审计是指内部审计人员对企业上述经营管理活动进行的审计。

（1）电子商务环境下经营活动的特点

电子商务环境下经营活动主要有以下2个特点，如图8-14所示。

网络化的应用平台环境	・电子商务是在计算机互联网支持下进行的商务活动，没有网络环境就没有电子商务
无纸化数据环境	・办公环境无纸化，使得与企业供产销以及相关的合同、提单、保险单、发票等书面记录被计算机存储设备中相应的电子记录所代替，商业运作实现了无纸化和直接化

图8-14　电子商务环境下经营活动的特点

（2）电子商务活动内部审计的特点

电子商务活动内部审计主要有以下2个特点，如图8-15所示。

（3）电子商务活动内部审计的内容

电子商务活动内部审计主要有以下2个方面内容，如表8-4所列。

审计数据容易被损毁
电子商务模式下企业每一笔交易和业务都以电子数据的形式储存于数据库中，如遇数据库运行不畅或是人为干预，会导致电子数据被篡改或损毁
审计数据容易被攻击
目前大多企业往往没有较强的技术支持，如若外部攻击企业数据库，则企业电子数据容易受损

图8-15 电子商务活动内部审计的特点

表8-4 电子商务活动内部审计的内容

审计类型	审计项目	项目内容
电子商务系统审计	系统建设审计	电子商务系统的设计、开发、验收、运行、维护等阶段是否合理、合适，相关措施是否执行到位
	系统安全审计	电子商务系统数据使用与网络访问两方面是否均安全、可靠
	系统内部控制审计	电子商务系统在系统人员角色设计、权限分配上是否合理，是否可以相互制衡； 电子商务系统应用管理是否有效、合法、适当
电子经营管理审计	电子销售审计	电子合同的签署是否合法、真实、有效，签订主体是否资质合法等； 检查电子合同的履行情况和销售完成情况
	电子原始凭证审计	检查无纸化原始凭证是否真实，电子签章是否真实、有效、合法等
	电子采购审计	电子采购活动是否安全、真实等
	电子货币审计	电子货币和票据是否合法，余额是否真实等

附录 我国现行内部审计准则

现行的内部审计准则共25条,包括2条基本准则和23条具体准则。作为一名审计人员,必须理解并能充分利用每条准则,这是开展审计工作的第一步,有助于审计人员迅速完善审计知识体系,掌握审计工作原则、方法和技巧。附录列出了本书主要提到的11个准则,更多可参考中国内部审计协会官方网站。

第1101号 内部审计基本准则

《第1101号——内部审计基本准则》于2014年1月1日正式施行,共分为6章,包括总则、一般准则、作业准则、报告准则、内部管理准则以及附则,如附表1所列。

附表1 第1101号——内部审计基本准则

第一章 总 则
第一条 为了规范内部审计工作,保证内部审计质量,明确内部审计机构和内部审计人员的责任,根据《审计法》及其实施条例,以及其他有关法律、法规和规章,制定本准则。
第二条 本准则所称内部审计,是一种独立、客观的确认和咨询活动,它通过运用系统、规范的方法,审查和评价组织的业务活动、内部控制和风险管理的适当性和有效性,以促进组织完善治理、增加价值和实现目标。
第三条 本准则适用于各类组织的内部审计机构、内部审计人员及其从事的内部审计活动。其他组织或者人员接受委托、聘用,承办或者参与内部审计业务,也应当遵守本准则。
第二章 一般准则
第四条 组织应当设置与其目标、性质、规模、治理结构等相适应的内部审计机构,并配备具有相应资格的内部审计人员。
第五条 内部审计的目标、职责和权限等内容应当在组织的内部审计章程中明确规定。

第六条 内部审计机构和内部审计人员应当保持独立性和客观性，不得负责被审计单位的业务活动、内部控制和风险管理的决策与执行。

第七条 内部审计人员应当遵守职业道德，在实施内部审计业务时保持应有的职业谨慎。

第八条 内部审计人员应当具备相应的专业胜任能力，并通过后续教育加以保持和提高。

第九条 内部审计人员应当履行保密义务，对于实施内部审计业务中所获取的信息保密。

第三章 作业准则

第十条 内部审计机构和内部审计人员应当全面关注组织风险，以风险为基础组织实施内部审计业务。

第十一条 内部审计人员应当充分运用重要性原则，考虑差异或者缺陷的性质、数量等因素，合理确定重要性水平。

第十二条 内部审计机构应当根据组织的风险状况、管理需要及审计资源的配置情况，编制年度审计计划。

第十三条 内部审计人员根据年度审计计划确定的审计项目，编制项目审计方案。

第十四条 内部审计机构应当在实施审计三日前，向被审计单位或者被审计人员送达审计通知书，做好审计准备工作。

第十五条 内部审计人员应当深入了解被审计单位的情况，审查和评价业务活动、内部控制和风险管理的适当性和有效性，关注信息系统对业务活动、内部控制和风险管理的影响。

第十六条 内部审计人员应当关注被审计单位业务活动、内部控制和风险管理中的舞弊风险，对舞弊行为进行检查和报告。

第十七条 内部审计人员可以运用审核、观察、监盘、访谈、调查、函证、计算和分析程序等方法，获取相关、可靠和充分的审计证据，以支持审计结论、意见和建议。

第十八条 内部审计人员应当在审计工作底稿中记录审计程序的执行过程，获取的审计证据，以及作出的审计结论。

第十九条 内部审计人员应当以适当方式提供咨询服务，改善组织的业务活动、内部控制和风险管理。

第四章 报告准则

第二十条 内部审计机构应当在实施必要的审计程序后，及时出具审计报告。

续表

第二十一条　审计报告应当客观、完整、清晰，具有建设性并体现重要性原则。

第二十二条　审计报告应当包括审计概况、审计依据、审计发现、审计结论、审计意见和审计建议。

第二十三条　审计报告应当包含是否遵循内部审计准则的声明。如存在未遵循内部审计准则的情形，应当在审计报告中作出解释和说明。

第五章　内部管理准则

第二十四条　内部审计机构应当接受组织董事会或者最高管理层的领导和监督，并保持与董事会或者最高管理层及时、高效的沟通。

第二十五条　内部审计机构应当建立合理、有效的组织结构，多层级组织的内部审计机构可以实行集中管理或者分级管理。

第二十六条　内部审计机构应当根据内部审计准则及相关规定，结合本组织的实际情况制定内部审计工作手册，指导内部审计人员的工作。

第二十七条　内部审计机构应当对内部审计质量实施有效控制，建立指导、监督、分级复核和内部审计质量评估制度，并接受内部审计质量外部评估。

第二十八条　内部审计机构应当编制中长期审计规划、年度审计计划、本机构人力资源计划和财务预算。

第二十九条　内部审计机构应当建立激励约束机制，对内部审计人员的工作进行考核、评价和奖惩。

第三十条　内部审计机构应当在董事会或者最高管理层的支持和监督下，做好与外部审计的协调工作。

第三十一条　内部审计机构负责人应当对内部审计机构管理的适当性和有效性负主要责任。

第六章　附　则

第三十二条　本准则由中国内部审计协会发布并负责解释。

第三十三条　本准则自2014年1月1日起施行。

第1201号　内部审计人员职业道德规范

《第1201号——内部审计人员职业道德规范》于2014年1月1日正式施行，共分为7章，包括总则、一般原则、诚信正直、客观性、专业胜任能力、保密以及附则，如附表2所列。

附表2 第1201号——内部审计人员职业道德规范

第一章 总 则

第一条 为了规范内部审计人员的职业行为,维护内部审计职业声誉,根据《审计法》及其实施条例,以及其他有关法律、法规和规章,制定本规范。

第二条 内部审计人员职业道德是内部审计人员在开展内部审计工作中应当具有的职业品德、应当遵守的职业纪律和应当承担的职业责任的总称。

第三条 内部审计人员从事内部审计活动时,应当遵守本规范,认真履行职责,不得损害国家利益、组织利益和内部审计职业声誉。

第二章 一般原则

第四条 内部审计人员在从事内部审计活动时,应当保持诚信正直。

第五条 内部审计人员应当遵循客观性原则,公正、不偏不倚地作出审计职业判断。

第六条 内部审计人员应当保持并提高专业胜任能力,按照规定参加后续教育。

第七条 内部审计人员应当遵循保密原则,按照规定使用其在履行职责时所获取的信息。

第八条 内部审计人员违反本规范要求的,组织应当批评教育,也可以视情节给予一定的处分。

第三章 诚信正直

第九条 内部审计人员在实施内部审计业务时,应当诚实、守信,不应有下列行为:

(一)歪曲事实;

(二)隐瞒审计发现的问题;

(三)进行缺少证据支持的判断;

(四)做误导性的或者含糊的陈述。

第十条 内部审计人员在实施内部审计业务时,应当廉洁、正直,不应有下列行为:

(一)利用职权谋取私利;

(二)屈从于外部压力,违反原则。

第四章 客观性

第十一条 内部审计人员实施内部审计业务时,应当实事求是,不得由于偏见、利益冲突而影响职业判断。

第十二条 内部审计人员实施内部审计业务前,应当采取下列步骤对客观性进行评估：

（一）识别可能影响客观性的因素；

（二）评估可能影响客观性因素的严重程度；

（三）向审计项目负责人或者内部审计机构负责人报告客观性受损可能造成的影响。

第十三条　内部审计人员应当识别下列可能影响客观性的因素：

（一）审计本人曾经参与过的业务活动；

（二）与被审计单位存在直接利益关系；

（三）与被审计单位存在长期合作关系；

（四）与被审计单位管理层有密切的私人关系；

（五）遭受来自组织内部和外部的压力；

（六）内部审计范围受到限制；

（七）其他。

第十四条　内部审计机构负责人应当采取下列措施保障内部审计的客观性：

（一）提高内部审计人员的职业道德水准；

（二）选派适当的内部审计人员参加审计项目，并进行适当分工；

（三）采用工作轮换的方式安排审计项目及审计组；

（四）建立适当、有效的激励机制；

（五）制定并实施系统、有效的内部审计质量控制制度、程序和方法；

（六）当内部审计人员的客观性受到严重影响，且无法采取适当措施降低影响时，停止实施有关业务，并及时向董事会或者最高管理层报告。

第五章　专业胜任能力

第十五条　内部审计人员应当具备下列履行职责所需的专业知识、职业技能和实践经验：

（一）审计、会计、财务、税务、经济、金融、统计、管理、内部控制、风险管理、法律和信息技术等专业知识，以及与组织业务活动相关的专业知识；

（二）语言文字表达、问题分析、审计技术应用、人际沟通、组织管理等职业技能；

（三）必要的实践经验及相关职业经历。

第十六条　内部审计人员应当通过后续教育和职业实践等途径，了解、学习和掌握相关法律法规、专业知识、技术方法和审计实务的发展变化，保持和提升专业胜任能力。

第十七条　内部审计人员实施内部审计业务时，应当保持职业谨慎，合理运用职业判断。

第六章 保 密

第十八条 内部审计人员应当对实施内部审计业务所获取的信息保密，非因有效授权、法律规定或其他合法事由不得披露。

第十九条 内部审计人员在社会交往中，应当履行保密义务，警惕非故意泄密的可能性。

内部审计人员不得利用其在实施内部审计业务时获取的信息牟取不正当利益，或者以有悖于法律法规、组织规定及职业道德的方式使用信息。

第七章 附 则

第二十条 本规范由中国内部审计协会发布并负责解释。

第二十一条 本规范自2014年1月1日起施行。

第2101号 内部审计具体准则——审计计划

《第2101号内部审计具体准则——审计计划》于2014年1月1日正式施行，共分为5章，包括总则、一般原则、年度审计计划、项目审计方案及附则，如附表3所列。

附表3 第2101号内部审计具体准则——审计计划

第一章 总 则

第一条 为了规范审计计划的编制与执行，保证有计划、有重点地开展审计业务，提高审计质量和效率，根据《内部审计基本准则》，制定本准则。

第二条 本准则所称审计计划，是指内部审计机构和内部审计人员为完成审计业务，达到预期的审计目的，对审计工作或者具体审计项目作出的安排。

第三条 本准则适用于各类组织的内部审计机构、内部审计人员及其从事的内部审计活动。其他组织或者人员接受委托、聘用，承办或者参与内部审计业务，也应当遵守本准则。

第二章 一般原则

第四条 审计计划一般包括年度审计计划和项目审计方案。

年度审计计划是对年度预期要完成的审计任务所作的工作安排，是组织年度工作计划的重要组成部分。

项目审计方案是对实施具体审计项目所需要的审计内容、审计程序、人员分工、审计时间等作出的安排。

第五条　内部审计机构应当在本年度编制下年度审计计划，并报经组织董事会或者最高管理层批准；审计项目负责人应当在审计项目实施前编制项目审计方案，并报经内部审计机构负责人批准。

第六条　内部审计机构应当根据批准后的审计计划组织开展内部审计活动。在审计计划执行过程中，如有必要，应当按照规定的程序对审计计划进行调整。

第七条　内部审计机构负责人应当定期检查审计计划的执行情况。

第三章　年度审计计划

第八条　内部审计机构负责人负责年度审计计划的编制工作。

第九条　编制年度审计计划应当结合内部审计中长期规划，在对组织风险进行评估的基础上，根据组织的风险状况、管理需要和审计资源的配置情况，确定具体审计项目及时间安排。

第十条　年度审计计划应当包括下列基本内容：

（一）年度审计工作目标；

（二）具体审计项目及实施时间；

（三）各审计项目需要的审计资源；

（四）后续审计安排。

第十一条　内部审计机构在编制年度审计计划前，应当重点调查了解下列情况，以评价具体审计项目的风险：

（一）组织的战略目标、年度目标及业务活动重点；

（二）对相关业务活动有重大影响的法律、法规、政策、计划和合同；

（三）相关内部控制的有效性和风险管理水平；

（四）相关业务活动的复杂性及其近期变化；

（五）相关人员的能力及其岗位的近期变动；

（六）其他与项目有关的重要情况。

第十二条　内部审计机构负责人应当根据具体审计项目的性质、复杂程度及时间要求，合理安排审计资源。

第四章　项目审计方案

第十三条　内部审计机构应当根据年度审计计划确定的审计项目和时间安排，选派内部审计人员开展审计工作。

续表

　　第十四条　审计项目负责人应当根据被审计单位的下列情况，编制项目审计方案：

（一）业务活动概况；

（二）内部控制、风险管理体系的设计及运行情况；

（三）财务、会计资料；

（四）重要的合同、协议及会议记录；

（五）上次审计结论、建议及后续审计情况；

（六）上次外部审计的审计意见；

（七）其他与项目审计方案有关的重要情况。

　　第十五条　项目审计方案应当包括下列基本内容：

（一）被审计单位、项目的名称；

（二）审计目标和范围；

（三）审计内容和重点；

（四）审计程序和方法；

（五）审计组成员的组成及分工；

（六）审计起止日期；

（七）对专家和外部审计工作结果的利用；

（八）其他有关内容。

第五章　附　则

第十六条　本准则由中国内部审计协会发布并负责解释。

第十七条　本准则自2014年1月1日起施行。

第2102号　内部审计具体准则——审计通知书

《第2102号内部审计具体准则——审计通知书》于2014年1月1日正式施行，共分为3章，包括总则、审计通知书的编制与送达及附则，如附表4所列。

附表4　第2102号内部审计具体准则——审计通知书

第一章　总　则

　　第一条　为了规范审计通知书的编制与送达，根据《内部审计基本准则》，制定本准则。

　　第二条　本准则所称审计通知书，是指内部审计机构在实施审计之前，告知被审

续表

计单位或者人员接受审计的书面文件。

第三条 本准则适用于各类组织的内部审计机构、内部审计人员及其从事的内部审计活动。其他组织或者人员接受委托、聘用、承办或者参与的内部审计业务，也应当遵守本准则。

第二章 审计通知书的编制与送达

第四条 审计通知书应当包括下列内容：

（一）审计项目名称；

（二）被审计单位名称或者被审计人员姓名；

（三）审计范围和审计内容；

（四）审计时间；

（五）需要被审计单位提供的资料及其他必要的协助要求；

（六）审计组组长及审计组成员名单；

（七）内部审计机构的印章和签发日期。

第五条 内部审计机构应当根据经过批准后的年度审计计划和其他授权或者委托文件编制审计通知书。

第六条 内部审计机构应当在实施审计三日前，向被审计单位或者被审计人员送达审计通知书。特殊审计业务的审计通知书可以在实施审计时送达。

第七条 审计通知书送达被审计单位，必要时可以抄送组织内部相关部门。

经济责任审计项目的审计通知书送达被审计人员及其所在单位，并抄送有关部门。

第三章 附 则

第八条 本准则由中国内部审计协会发布并负责解释。

第九条 本准则自2014年1月1日起施行。

第2103号 内部审计具体准则——审计证据

《第2103号内部审计具体准则——审计证据》于2014年1月1日正式施行，共分为4章，包括总则、一般原则、审计证据的获取与处理与附则，如附表5所列。

附表5　第2103号内部审计具体准则——审计证据

第一章　总　则

第一条　为了规范审计证据的获取及处理，保证审计证据的相关性、可靠性和充分性，根据《内部审计基本准则》，制定本准则。

第二条　本准则所称审计证据，是指内部审计人员在实施内部审计业务中，通过实施审计程序所获取的，用以证实审计事项，支持审计结论、意见和建议的各种事实依据。

第三条　本准则适用于各类组织的内部审计机构、内部审计人员及其从事的内部审计活动。其他组织或者人员接受委托、聘用，承办或者参与内部审计业务，也应当遵守本准则。

第二章　一般原则

第四条　内部审计人员应当依据不同的审计事项及其审计目标，获取不同种类的审计证据。

审计证据主要包括下列种类：

（一）书面证据；

（二）实物证据；

（三）视听证据；

（四）电子证据；

（五）口头证据；

（六）环境证据。

第五条　内部审计人员获取的审计证据应当具备相关性、可靠性和充分性。

相关性，即审计证据与审计事项及其具体审计目标之间具有实质性联系。

可靠性，即审计证据真实、可信。

充分性，即审计证据在数量上足以支持审计结论、意见和建议。

第六条　审计项目的各级复核人员应当在各自职责范围内对审计证据的相关性、可靠性和充分性予以复核。

第七条　内部审计人员在获取审计证据时，应当考虑下列基本因素：

（一）具体审计事项的重要性。内部审计人员应当从数量和性质两个方面判断审计事项的重要性，以做出获取审计证据的决策。

（二）可以接受的审计风险水平。证据的充分性与审计风险水平密切相关。可以接受的审计风险水平越低，所需证据的数量越多。

（三）成本与效益的合理程度。获取审计证据应当考虑成本与效益的对比，但对于重要审计事项，不应当将审计成本的高低作为减少必要审计程序的理由。

（四）适当的抽样方法。

第三章 审计证据的获取与处理

第八条 内部审计人员向有关单位和个人获取审计证据时，可以采用（但不限于）下列方法：

（一）审核；

（二）观察；

（三）监盘；

（四）访谈；

（五）调查；

（六）函证；

（七）计算；

（八）分析程序。

第九条 内部审计人员应当将获取的审计证据名称、来源、内容、时间等完整、清晰地记录于审计工作底稿中。

采集被审计单位电子数据作为审计证据的，内部审计人员应当记录电子数据的采集和处理过程。

第十条 内部审计机构可以聘请其他专业机构或者人员对审计项目的某些特殊问题进行鉴定，并将鉴定结论作为审计证据。内部审计人员应当对所引用鉴定结论的可靠性负责。

第十一条 对于被审计单位有异议的审计证据，内部审计人员应当进一步核实。

第十二条 内部审计人员获取的审计证据，如有必要，应当由证据提供者签名或者盖章。如果证据提供者拒绝签名或者盖章，内部审计人员应当注明原因和日期。

第十三条 内部审计人员应当对获取的审计证据进行分类、筛选和汇总，保证审计证据的相关性、可靠性和充分性。

第十四条 在评价审计证据时，应当考虑审计证据之间的相互印证关系及证据来源的可靠程度。

第四章 附 则

第十五条 本准则由中国内部审计协会发布并负责解释。

第十六条 本准则自2014年1月1日起施行。

第2104号 内部审计具体准则——审计工作底稿

《第2104号内部审计具体准则——审计工作底稿》于2014年1月1日正式施行，共分为5章，包括总则、一般原则、审计工作底稿的编制与复核、审计工作底稿的归档与保管、附则，如附表6所列。

附表6　第2104号内部审计具体准则——审计工作底稿

第一章　总　则

第一条　为了规范审计工作底稿的编制和使用，根据《内部审计基本准则》，制定本准则。

第二条　本准则所称审计工作底稿，是指内部审计人员在审计过程中所形成的工作记录。

第三条　本准则适用于各类组织的内部审计机构、内部审计人员及其从事的内部审计活动。其他组织或者人员接受委托、聘用，承办或者参与内部审计业务，也应当遵守本准则。

第二章　一般原则

第四条　内部审计人员在审计工作中应当编制审计工作底稿，以达到下列目的：

（一）为编制审计报告提供依据；

（二）证明审计目标的实现程度；

（三）为检查和评价内部审计工作质量提供依据；

（四）证明内部审计机构和内部审计人员是否遵循内部审计准则；

（五）为以后的审计工作提供参考。

第五条　审计工作底稿应当内容完整、记录清晰、结论明确，客观地反映项目审计方案的编制及实施情况，以及与形成审计结论、意见和建议有关的所有重要事项。

第六条　内部审计机构应当建立审计工作底稿的分级复核制度，明确规定各级复核人员的要求和责任。

第三章　审计工作底稿的编制与复核

第七条　审计工作底稿主要包括下列要素：

（一）被审计单位的名称；

（二）审计事项及其期间或者截止日期；

（三）审计程序的执行过程及结果记录；

（四）审计结论、意见及建议；

（五）审计人员姓名和审计日期；

（六）复核人员姓名、复核日期和复核意见；

（七）索引号及页次；

（八）审计标识与其他符号及其说明等。

第八条 项目审计方案的编制及调整情况应当编制审计工作底稿。

第九条 审计工作底稿中可以使用各种审计标识，但应当注明含义并保持前后一致。

第十条 审计工作底稿应当注明索引编号和顺序编号。相关审计工作底稿之间如存在勾稽关系，应当予以清晰反映，相互引用时应当交叉注明索引编号。

第十一条 审计工作底稿的复核工作应当由比审计工作底稿编制人员职位更高或者经验更为丰富的人员承担。

第十二条 如果发现审计工作底稿存在问题，复核人员应当在复核意见中加以说明，并要求相关人员补充或者修改审计工作底稿。

第十三条 在审计业务执行过程中，审计项目负责人应当加强对审计工作底稿的现场复核。

第四章 审计工作底稿的归档与保管

第十四条 内部审计人员在审计项目完成后，应当及时对审计工作底稿进行分类整理，按照审计工作底稿相关规定进行归档、保管和使用。

第十五条 审计工作底稿归组织所有，由内部审计机构或者组织内部有关部门具体负责保管。

第十六条 内部审计机构应当建立审计工作底稿保管制度。如果内部审计机构以外的组织或者个人要求查阅审计工作底稿，必须经内部审计机构负责人或者其主管领导批准，但国家有关部门依法进行查阅的除外。

第五章 附 则

第十七条 本准则由中国内部审计协会发布并负责解释。

第十八条 本准则自2014年1月1日起实行。

第2106号 内部审计具体准则——审计报告

《第2106号内部审计具体准则——审计报告》于2014年1月1日正式施行，共分为5章，包括总则，一般原则，审计报告的内容，审计报告的编制、复核与报送，附则，如附表7所列。

附表7　第2106号内部审计具体准则——审计报告

第一章　总　则

第一条　为了规范审计报告的编制、复核和报送，根据《内部审计基本准则》，制定本准则。

第二条　本准则所称审计报告，是指内部审计人员根据审计计划对被审计单位实施必要的审计程序后，就被审计事项作出审计结论，提出审计意见和审计建议的书面文件。

第三条　本准则适用于各类组织的内部审计机构、内部审计人员及其从事的内部审计活动。其他组织或者人员接受委托、聘用，承办或者参与内部审计业务，也应当遵守本准则。

第二章　一般原则

第四条　内部审计人员应当在审计实施结束后，以经过核实的审计证据为依据，形成审计结论、意见和建议，出具审计报告。如有必要，内部审计人员可以在审计过程中提交期中报告，以便及时采取有效的纠正措施改善业务活动、内部控制和风险管理。

第五条　审计报告的编制应当符合下列要求：

（一）实事求是、不偏不倚地反映被审计事项的事实；

（二）要素齐全、格式规范，完整反映审计中发现的重要问题；

（三）逻辑清晰、用词准确、简明扼要、易于理解；

（四）充分考虑审计项目的重要性和风险水平，对于重要事项应当重点说明；

（五）针对被审计单位业务活动、内部控制和风险管理中存在的主要问题或者缺陷提出可行的改进建议，以促进组织实现目标。

第六条　内部审计机构应当建立健全审计报告分级复核制度，明确规定各级复核人员的要求和责任。

第三章　审计报告的内容

第七条　审计报告主要包括下列要素：

（一）标题；

（二）收件人；

（三）正文；

续表

（四）附件；

（五）签章；

（六）报告日期；

（七）其他。

第八条　审计报告的正文主要包括下列内容：

（一）审计概况，包括审计目标、审计范围、审计内容及重点、审计方法、审计程序及审计时间等；

（二）审计依据，即实施审计所依据的相关法律法规、内部审计准则等规定；

（三）审计发现，即对被审计单位的业务活动、内部控制和风险管理实施审计过程中所发现的主要问题的事实；

（四）审计结论，即根据已查明的事实，对被审计单位业务活动、内部控制和风险管理所作的评价；

（五）审计意见，即针对审计发现的主要问题提出的处理意见；

（六）审计建议，即针对审计发现的主要问题，提出的改善业务活动、内部控制和风险管理的建议。

第九条　审计报告的附件应当包括针对审计过程、审计中发现问题所作出的具体说明，以及被审计单位的反馈意见等内容。

第四章　审计报告的编制、复核与报送

第十条　审计组应当在实施必要的审计程序后，及时编制审计报告，并征求被审计对象的意见。

第十一条　被审计单位对审计报告有异议的，审计项目负责人及相关人员应当核实，必要时应当修改审计报告。

第十二条　审计报告经过必要的修改后，应当连同被审计单位的反馈意见及时报送内部审计机构负责人复核。

第十三条　内部审计机构应当将审计报告提交被审计单位和组织适当管理层，并要求被审计单位在规定的期限内落实纠正措施。

第十四条　已经出具的审计报告如果存在重要错误或者遗漏，内部审计机构应当及时更正，并将更正后的审计报告提交给原审计报告接收者。

第十五条　内部审计机构应当将审计报告及时归入审计档案，妥善保存。

第五章　附　　则

第十六条　本准则由中国内部审计协会发布并负责解释。

第十七条　本准则自2014年1月1日起施行。

第2203号 内部审计具体准则——信息系统审计

《第2203号内部审计具体准则——信息系统审计》于2014年1月1日正式施行，共分为7章，包括总则、一般原则、信息系统审计计划、信息技术风险评估、信息系统审计的内容、信息系统审计的方法及附则，如附表8所列。

附表8　第2203号内部审计具体准则——信息系统审计

第一章　总　则

第一条　为了规范信息系统审计工作，提高审计质量和效率，根据《内部审计基本准则》，制定本准则。

第二条　本准则所称信息系统审计，是指内部审计机构和内部审计人员对组织的信息系统及其相关的信息技术内部控制和流程所进行的审查与评价活动。

第三条　本准则适用于各类组织的内部审计机构、内部审计人员及其从事的信息系统审计活动。其他组织或者人员接受委托、聘用，承办或者参与内部审计业务，也应当遵守本准则。

第二章　一般原则

第四条　信息系统审计的目的是通过实施信息系统审计工作，对组织是否实现信息技术管理目标进行审查和评价，并基于评价意见提出管理建议，协助组织信息技术管理人员有效地履行职责。

组织的信息技术管理目标主要包括：

（一）保证组织的信息技术战略充分反映组织的战略目标；

（二）提高组织所依赖的信息系统的可靠性、稳定性、安全性及数据处理的完整性和准确性；

（三）提高信息系统运行的效果与效率，合理保证信息系统的运行符合法律法规以及相关监管要求。

第五条　组织中信息技术管理人员的责任是进行信息系统的开发、运行和维护，以及与信息技术相关的内部控制的设计、执行和监控；信息系统审计人员的责任是实施信息系统审计工作并出具审计报告。

第六条　从事信息系统审计的内部审计人员应当具备必要的信息技术及信息系统审计专业知识、技能和经验。必要时，实施信息系统审计可以利用外部专家服务。

第七条　信息系统审计可以作为独立的审计项目组织实施，也可以作为综合性内部审计项目的组成部分实施。

当信息系统审计作为综合性内部审计项目的一部分时，信息系统审计人员应当及时与其他相关内部审计人员沟通信息系统审计中的发现，并考虑依据审计结果调整其他相关审计的范围、时间及性质。

第八条　内部审计人员应当采用以风险为基础的审计方法进行信息系统审计，风险评估应当贯穿于信息系统审计的全过程。

第三章　信息系统审计计划

第九条　内部审计人员在实施信息系统审计前，需要确定审计目标并初步评估审计风险，估算完成信息系统审计或者专项审计所需的资源，确定重点审计领域及审计活动的优先次序，明确审计组成员的职责，编制信息系统审计方案。

第十条　编制信息系统审计方案时，除遵循相关内部审计具体准则的规定，还应当考虑下列因素：

（一）高度依赖信息技术、信息系统的关键业务流程及相关的组织战略目标；

（二）信息技术管理的组织架构；

（三）信息系统框架和信息系统的长期发展规划及近期发展计划；

（四）信息系统及其支持的业务流程的变更情况；

（五）信息系统的复杂程度；

（六）以前年度信息系统内、外部审计所发现的问题及后续审计情况；

（七）其他影响信息系统审计的因素。

第十一条　当信息系统审计作为综合性内部审计项目的一部分时，内部审计人员在审计计划阶段还应当考虑项目审计目标及要求。

第四章　信息技术风险评估

第十二条　内部审计人员进行信息系统审计时，应当识别组织所面临的与信息技术相关的内、外部风险，并采用适当的风险评估技术与方法，分析和评价其发生的可能性及影响程度，为确定审计目标、范围和方法提供依据。

第十三条　信息技术风险是指组织在信息处理和信息技术运用过程中产生的、可能影响组织目标实现的各种不确定因素。信息技术风险，包括组织层面的信息技术风险、一般性控制层面的信息技术风险及业务流程层面的信息技术风险等。

第十四条　内部审计人员在识别和评估组织层面、一般性控制层面的信息技术风险时，需要关注下列内容：

（一）业务关注度，即组织的信息技术战略与组织整体发展战略规划的契合度以及信息技术（包括硬件及软件环境）对业务和用户需求的支持度；

（二）信息资产的重要性；

（三）对信息技术的依赖程度；

（四）对信息技术部门人员的依赖程度；

（五）对外部信息技术服务的依赖程度；

（六）信息系统及其运行环境的安全性、可靠性；

（七）信息技术变更；

（八）法律规范环境；

（九）其他。

第十五条　业务流程层面的信息技术风险受行业背景、业务流程的复杂程度、上述组织层面及一般性控制层面的控制有效性等因素的影响而存在差异。一般而言，内部审计人员应当了解业务流程，并关注下列信息技术风险：

（一）数据输入；

（二）数据处理；

（三）数据输出。

第十六条　内部审计人员应当充分考虑风险评估的结果，以合理确定信息系统审计的内容及范围，并对组织的信息技术内部控制设计合理性和运行有效性进行测试。

第五章　信息系统审计的内容

第十七条　信息系统审计主要是对组织层面信息技术控制、信息技术一般性控制及业务流程层面相关应用控制的审查和评价。

第十八条　信息技术内部控制的各个层面均包括人工控制、自动控制和人工、自动相结合的控制形式，内部审计人员应当根据不同的控制形式采取恰当的审计程序。

第十九条　组织层面信息技术控制，是指董事会或者最高管理层对信息技术治理职能及内部控制的重要性的态度、认识和措施。内部审计人员应当考虑下列控制要素中与信息技术相关的内容：

（一）控制环境。内部审计人员应当关注组织的信息技术战略规划对业务战略规划的契合度、信息技术治理制度体系的建设、信息技术部门的组织结构和关系、信息技术治理相关职权与责任的分配、信息技术人力资源管理、对用户的信息技术教育和培训等方面。

（二）风险评估。内部审计人员应当关注组织的风险评估的总体架构中信息技术风险管理的框架、流程和执行情况，信息资产的分类以及信息资产所有者的职责等方面。

（三）信息与沟通。内部审计人员应当关注组织的信息系统架构及其对财务、业务流程的支持度、董事会或者最高管理层的信息沟通模式、信息技术政策/信息安全制度的传达与沟通等方面。

（四）内部监督。内部审计人员应当关注组织的监控管理报告系统、监控反馈、跟踪处理程序以及组织对信息技术内部控制的自我评估机制等方面。

第二十条　信息技术一般性控制是指与网络、操作系统、数据库、应用系统及其相关人员有关的信息技术政策和措施，以确保信息系统持续稳定的运行，支持应用控制的有效性。对信息技术一般性控制的审计应当考虑下列控制活动：

（一）信息安全管理。内部审计人员应当关注组织的信息安全管理政策，物理访问及针对网络、操作系统、数据库、应用系统的身份认证和逻辑访问管理机制，系统设置的职责分离控制等。

（二）系统变更管理。内部审计人员应当关注组织的应用系统及相关系统基础架构的变更、参数设置变更的授权与审批，变更测试，变更移植到生产环境的流程控制等。

（三）系统开发和采购管理。内部审计人员应当关注组织的应用系统及相关系统基础架构的开发和采购的授权审批，系统开发的方法论，开发环境、测试环境、生产环境严格分离情况，系统的测试、审核、移植到生产环境等环节。

（四）系统运行管理。内部审计人员应当关注组织的信息技术资产管理、系统容量管理、系统物理环境控制、系统和数据备份及恢复管理、问题管理和系统的日常运行管理等。

第二十一条　业务流程层面应用控制是指在业务流程层面为了合理保证应用系统准确、完整、及时完成业务数据的生成、记录、处理、报告等功能而设计、执行的信息技术控制。对业务流程层面应用控制的审计应当考虑下列与数据输入、数据处理以及数据输出环节相关的控制活动：

（一）授权与批准；

（二）系统配置控制；

（三）异常情况报告和差错报告；

（四）接口/转换控制；

（五）一致性核对；

（六）职责分离；

（七）系统访问权限；

（八）系统计算；

（九）其他。

第二十二条　信息系统审计除上述常规的审计内容外，内部审计人员还可以根据组织当前面临的特殊风险或者需求，设计专项审计以满足审计战略，具体包括（但不限于）下列领域：

（一）信息系统开发实施项目的专项审计；

（二）信息系统安全专项审计；

（三）信息技术投资专项审计；

（四）业务连续性计划的专项审计；

（五）外包条件下的专项审计；

（六）法律、法规、行业规范要求的内部控制合规性专项审计；

（七）其他专项审计。

第六章 信息系统审计的方法

第二十三条 内部审计人员在进行信息系统审计时，可以单独或者综合运用下列审计方法获取相关、可靠和充分的审计证据，以评估信息系统内部控制的设计合理性和运行有效性：

（一）询问相关控制人员；

（二）观察特定控制的运用；

（三）审阅文件和报告及计算机文档或者日志；

（四）根据信息系统的特性进行穿行测试，追踪交易在信息系统中的处理过程；

（五）验证系统控制和计算逻辑；

（六）登录信息系统进行系统查询；

（七）利用计算机辅助审计工具和技术；

（八）利用其他专业机构的审计结果或者组织对信息技术内部控制的自我评估结果；

（九）其他。

第二十四条 信息系统审计人员可以根据实际需要利用计算机辅助审计工具和技术进行数据的验证、关键系统控制/计算的逻辑验证、审计样本选取等；内部审计人员在充分考虑安全的前提下，可以利用可靠的信息安全侦测工具进行渗透性测试等。

第二十五条 内部审计人员在对信息系统内部控制进行评估时，应当获得相关、可靠和充分的审计证据以支持审计结论完成审计目标，并应当充分考虑系统自动控制的控制效果的一致性及可靠性的特点，在选取审计样本时可以根据情况适当减少样本量。在系统未发生变更的情况下，可以考虑适当降低审计频率。

第二十六条 内部审计人员在审计过程中应当在风险评估的基础上，依据信息系统内部控制评估的结果重新评估审计风险，并根据剩余风险设计进一步的审计程序。

第七章 附 则

第二十七条 本准则由中国内部审计协会发布并负责解释。

第二十八条 本准则自2014年1月1日起施行。

第2205号 内部审计具体准则——经济责任审计

《第2205号内部审计具体准则——经济责任审计》于2016年3月1日正式施行，共分为8章，包括总则、一般原则、审计内容、审计程序和方法、审计评价、审计报告、审计结果运用及附则，如附表9所列。

附表9 第2205号内部审计具体准则——经济责任审计

第一章 总 则

第一条 为了规范经济责任审计工作，提高审计质量和效果，根据《党政主要领导干部和国有企业领导人员经济责任审计规定》《党政主要领导干部和国有企业领导人员经济责任审计规定实施细则》和《内部审计基本准则》，制定本准则。

第二条 本准则所称经济责任，是指领导干部任职期间因其所任职务，依法对所在部门、单位、团体或企业（含金融机构）的财政、财务收支以及有关经济活动应当履行的职责、义务。

第三条 本准则所称经济责任审计，是指内部审计机构对本组织所管理的领导干部经济责任的履行情况进行监督、评价和鉴证的行为。

第四条 本准则适用于各类组织的内部审计机构、内部审计人员所从事的经济责任审计活动。其他单位或者人员接受委托、聘用，承办或者参与经济责任审计业务，也应当遵守本准则。

第二章 一般原则

第五条 经济责任审计的对象包括：党政工作部门、事业单位和人民团体下属独立核算单位的主要领导人员，以及下属非独立核算但负有经济管理职能单位的主要领导人员；企业（含金融机构）下属全资或控股企业的主要领导人员，以及对经营效益产生重大影响或掌握重要资产的部门和机构的主要领导人员等。

第六条 经济责任审计应当有计划地进行，一般由干部管理部门书面委托内部审计机构负责实施。

内部审计机构应当结合干部管理部门提出的年度委托建议，拟定年度经济责任审计计划，报请主管领导批准后，纳入年度审计计划并组织实施。

组织可以结合实际，建立经济责任审计工作联席会议制度，负责经济责任审计的委托和其他重大经济责任事项的审定。

第三章 审计内容

第七条 内部审计机构应当根据被审计领导干部的职责权限和履行经济责任情

况，结合其所在组织或者原任职组织的实际情况，确定审计内容。

第八条 经济责任审计的主要内容一般包括：

（一）贯彻执行党和国家有关经济方针政策和决策部署，推动组织可持续发展情况；

（二）组织治理结构的健全和运转情况；

（三）组织发展战略的制定和执行情况及其效果；

（四）遵守有关法律法规和财经纪律情况；

（五）各项管理制度的健全和完善，特别是内部控制制度的制定和执行情况，以及对下属单位的监管情况；

（六）财政、财务收支的真实、合法和效益情况；

（七）有关目标责任制完成情况；

（八）重大经济事项决策程序的执行情况及其效果；

（九）重要项目的投资、建设、管理及效益情况；

（十）资产的管理及保值增值情况；

（十一）本人遵守廉洁从业规定情况；

（十二）对以往审计中发现问题的整改情况；

（十三）其他需要审计的内容。

第四章 审计程序和方法

第九条 经济责任审计可分为准备、实施、终结和后续审计四个阶段。

（一）审计准备阶段主要工作包括：组成审计组、开展审前调查、编制审计方案和下达审计通知书。审计通知书送达被审计领导干部及其所在组织，并抄送有关部门。

（二）审计实施阶段主要工作包括：召开进点会议、收集有关资料、获取审计证据、编制审计工作底稿、与被审计领导干部及其所在组织交换意见。被审计领导干部应当参加审计进点会并做述职。

（三）审计终结阶段主要工作包括：编制审计报告、征求意见、修改与审定审计报告、出具审计报告、建立审计档案。

（四）后续审计阶段主要工作包括：检查审计发现问题的整改情况和审计建议的实施效果。

第十条 内部审计人员应当考虑审计目标、审计重要性、审计风险和审计成本等因素，综合运用审核、观察、监盘、访谈、调查、函证、计算和分析程序等方法，获取相关、可靠和充分的审计证据。

第五章 审计评价

第十一条 内部审计机构应当依据法律法规、国家有关政策以及干部考核评价等规定，结合所在组织的实际情况，根据审计查证或者认定的事实，客观公正、实事求是地进行审计评价。

第十二条 审计评价应当遵循全面性、重要性、客观性、相关性和谨慎性原则。审计评价应当与审计内容相一致，一般包括被审计领导干部任职期间履行经济责任的业绩、主要问题以及应当承担的责任。

第十三条 审计评价可以综合运用多种方法，主要包括：进行纵向和横向的业绩比较分析；运用与被审计领导干部履行经济责任有关的指标量化分析；将被审计领导干部履行经济责任的行为或事项置于相关经济社会环境中进行对比分析等。

内部审计机构应当根据审计内容和审计评价的需要，合理选择和设定定性和定量评价指标。

第十四条 审计评价的依据一般包括：

（一）法律、法规、规章、规范性文件；

（二）国家和行业的有关标准；

（三）组织的内部管理制度、发展战略、规划、目标；

（四）有关领导的职责分工文件，有关会议记录、纪要、决议和决定，有关预算、决算和合同；

（五）有关职能部门、主管部门发布或者认可的统计数据、考核结果和评价意见；

（六）专业机构的意见和公认的业务惯例或者良好实务；

（七）其他依据。

第十五条 对被审计领导干部履行经济责任过程中存在的问题，内部审计机构应当按照权责一致原则，根据领导干部的职责分工，结合相关事项的决策环境、决策程序等实际情况，依法依规进行责任界定。被审计领导干部对审计中发现的问题应当承担的责任包括：直接责任、主管责任和领导责任。

对被审计领导干部应当承担责任的问题或者事项，可以提出责任追究建议。

第十六条 被审计领导干部以外的其他人员对有关问题应当承担的责任，内部审计机构可以以适当方式向干部管理监督部门等提供相关情况。

第六章 审计报告

第十七条 内部审计机构实施经济责任审计项目后，应当出具审计报告。

第十八条 审计组实施审计后，应当将审计报告书面征求被审计领导干部及其所在组织的意见。内部审计机构应当针对收到的书面意见，进一步核实情况，对审计报告作出必要的修改。

被审计领导干部及其所在组织应当自接到审计组的审计报告之日起10日内提出书面意见；10日内未提出书面意见的，视同无异议。

第十九条　经济责任审计报告的内容，主要包括：

（一）基本情况，包括审计依据、实施审计的情况、被审计领导干部所在组织的基本情况、被审计领导干部的任职及分工情况等；

（二）被审计领导干部履行经济责任的主要情况；

（三）审计发现的主要问题和责任认定；

（四）审计评价；

（五）审计处理意见和建议；

（六）其他必要的内容。

审计中发现的有关重大事项，可以直接报送主管领导或者相关部门，不在审计报告中反映。

第二十条　内部审计机构应当将审计报告报送主管领导；提交委托审计的干部管理部门；抄送被审计领导干部及其所在组织和相关部门。

内部审计机构可以根据实际情况撰写并向委托部门报送经济责任审计结果报告。

第七章　审计结果运用

第二十一条　经济责任审计结果应当作为干部考核、任免和奖惩的重要依据。

内部审计机构应当促进经济责任审计结果的充分运用，推进组织健全经济责任审计情况通报、责任追究、整改落实、结果公告等制度。

第二十二条　内部审计机构发现被审计领导干部及其所在组织违反内部规章制度时，可以建议由组织的权力机构或有关部门对责任单位和责任人员作出处理、处罚决定；发现涉嫌违法违规线索时，应当将线索移送纪检监察部门或司法机关查处并协助其落实、查处与审计项目相关的问题和事项。

第二十三条　内部审计机构应当及时跟踪、了解、核实被审计领导干部及其所在组织对于审计查实问题和审计建议的整改落实情况。必要时，内部审计机构应当开展后续审计，审查和评价被审计领导干部及其所在组织对审计发现的问题所采取的整改情况。

第二十四条　内部审计机构应当将经济责任审计结果和被审计领导干部及其所在组织的整改落实情况，在一定范围内进行公告；对审计发现的典型性、普遍性、倾向性问题和有关建议，以综合报告、专题报告等形式报送主要领导，提交有关部门。

第八章　附　则

第二十五条　本准则由中国内部审计协会发布并负责解释。

第二十六条　本准则自2016年3月1日起施行。

第2306号 内部审计具体准则——内部审计质量控制

《第2306号内部审计具体准则——内部审计质量控制》于2014年1月1日正式施行，共分为5章，包括总则、一般原则、内部审计机构质量控制、内部审计项目质量控制及附则，如附表10所列。

附表10　第2306号内部审计具体准则——内部审计质量控制

第一章　总　则

第一条　为了规范内部审计质量控制工作，保证内部审计质量，根据《内部审计基本准则》，制定本准则。

第二条　本准则所称内部审计质量控制，是指内部审计机构为保证其审计质量符合内部审计准则的要求而制定和执行的制度、程序和方法。

第三条　本准则适用于各类组织的内部审计机构和内部审计人员。

第二章　一般原则

第四条　内部审计机构负责人对制定并实施系统、有效的质量控制制度与程序负主要责任。

第五条　内部审计质量控制主要包括下列目标：

（一）保证内部审计活动遵循内部审计准则和本组织内部审计工作手册的要求；

（二）保证内部审计活动的效率和效果达到既定要求；

（三）保证内部审计活动能够增加组织的价值，促进组织实现目标。

第六条　内部审计质量控制分为内部审计机构质量控制和内部审计项目质量控制。

第七条　内部审计机构负责人和审计项目负责人通过督导、分级复核、质量评估等方式对内部审计质量进行控制。

第三章　内部审计机构质量控制

第八条　内部审计机构负责人对内部审计机构质量负责。

第九条　内部审计机构质量控制需要考虑下列因素：

（一）内部审计机构的组织形式及授权状况；

（二）内部审计人员的素质与专业结构；

（三）内部审计业务的范围与特点；

（四）成本效益原则的要求；

（五）其他。

第十条　内部审计机构质量控制主要包括下列措施：

（一）确保内部审计人员遵守职业道德规范；

（二）保持并不断提升内部审计人员的专业胜任能力；

（三）依据内部审计准则制定内部审计工作手册；

（四）编制年度审计计划及项目审计方案；

（五）合理配置内部审计资源；

（六）建立审计项目督导和复核机制；

（七）开展审计质量评估；

（八）评估审计报告的使用效果；

（九）对审计质量进行考核与评价。

第四章　内部审计项目质量控制

第十一条　内部审计项目负责人对审计项目质量负责。

第十二条　内部审计项目质量控制应当考虑下列因素：

（一）审计项目的性质及复杂程度；

（二）参与项目审计的内部审计人员的专业胜任能力；

（三）其他。

第十三条　内部审计项目质量控制主要包括下列措施：

（一）指导内部审计人员执行项目审计方案；

（二）监督审计实施过程；

（三）检查已实施的审计工作。

第十四条　内部审计项目负责人在指导内部审计人员开展项目审计时，应当告知项目组成员下列事项：

（一）项目组成员各自的责任；

（二）被审计项目或者业务的性质；

（三）与风险相关的事项；

（四）可能出现的问题；

（五）其他。

第十五条　内部审计项目负责人监督内部审计实施过程时，应当履行下列职责：

（一）追踪业务的过程；

（二）解决审计过程中出现的重大问题，根据需要修改原项目审计方案；

（三）识别在审计过程中需要咨询的事项；

（四）其他。

第十六条　内部审计项目负责人在检查已实施的审计工作时，应当关注下列内容：

> （一）审计工作是否已按照审计准则和职业道德规范的规定执行；
> （二）审计证据是否相关、可靠和充分；
> （三）审计工作是否实现了审计目标。
>
> 第五章　附则
>
> 第十七条　本准则由中国内部审计协会发布并负责解释。
> 第十八条　本准则自2014年1月1日起施行。

第2309号　内部审计具体准则——内部审计业务外包管理

2019年5月6日，中国内部审计师协会制定并颁布了《第2309号内部审计具体准则——内部审计业务外包管理》，该准则要求于2019年6月1日开始施行。各企业内部审计部门应注意在未来内部审计工作时，特别是对企业外包业务进行审计的时候，要及时调整内部审计制度与审计方案，以达到中国内部审计协会最新要求，规范审计工作的开展。

该准则共分为7章，包括总则、一般原则、选择中介机构、签订业务外包合同（业务约定书）、审计项目外包的质量控制、评价中介机构的工作质量及附则，如附表11所列。

> **附表11　第2309号内部审计具体准则——内部审计业务外包管理**
>
> 第一章　总则
>
> 第一条　为了规范内部审计业务外包管理行为，保证内部审计质量，根据《内部审计基本准则》，制定本准则。
> 第二条　本准则所称内部审计业务外包管理，是指组织及其内部审计机构将业务委托给本组织外部具有一定资质的中介机构，而实施的相关管理活动。
> 第三条　本准则适用于各类组织的内部审计机构。接受委托的中介机构在实施内部审计业务时应当遵守中国内部审计准则。
>
> 第二章　一般原则
>
> 第四条　除涉密事项外，内部审计机构可以根据具体情况，考虑下列因素，对内部审计业务实施外包：
> （一）内部审计机构现有的资源无法满足工作目标要求；
> （二）内部审计人员缺乏特定的专业知识或技能；

（三）聘请中介机构符合成本效益原则；
（四）其他因素。

第五条　内部审计机构需要将内部审计业务外包给中介机构实施的，应当确定外包的具体项目，并经过组织批准。

第六条　内部审计业务外包通常包括业务全部外包和业务部分外包两种形式：

（一）业务全部外包，是指内部审计机构将一个或多个审计项目委托中介机构实施，并由中介机构编制审计项目的审计报告；

（二）业务部分外包，是指一个审计项目中，内部审计机构将部分业务委托给中介机构实施，内部审计机构根据情况利用中介机构的业务成果，编制审计项目的审计报告。

第七条　内部审计业务外包管理的关键环节一般包括：选择中介机构、签订业务外包合同（业务约定书）、审计项目外包的质量控制、评价中介机构的工作质量等。

第八条　内部审计机构应当对中介机构开展的受托业务进行指导、监督、检查和评价，并对采用的审计结果负责。

第三章　选择中介机构

第九条　内部审计机构应当根据外包业务的要求，通过一定的方式，按照一定的标准，遴选一定数量的中介机构，建立中介机构备选库。

第十条　内部审计机构确定纳入备选库的中介机构时，应当重点考虑以下条件：

（一）依法设立，合法经营，无违法、违规记录；
（二）具备国家承认的相应专业资质；
（三）从业人员具备相应的专业胜任能力；
（四）拥有良好的职业声誉。

内部审计机构应当根据实际情况和业务外包需求，以及对中介机构工作质量的评价结果，定期对备选库进行更新。

第十一条　内部审计机构可以根据审计项目需要和实际情况，提出对选择中介机构的具体要求。相关部门按照公开、公正、公平的原则，采取公开招标、邀请招标、询价、定向谈判等形式，确定具体实施审计项目的中介机构。

第四章　签订业务外包合同（业务约定书）

第十二条　按照组织合同管理的权限和程序，内部审计机构可以负责起草或者参与起草业务外包合同（业务约定书），正式签订前应当将合同文本提交组织的法律部门审查，或征求法律顾问或律师的意见，以规避其中的法律风险。

第十三条　组织应当与选择确定的中介机构签订书面的业务外包合同（业务约定书），主要内容应当包括：

（一）工作目标；

（二）工作内容；

（三）工作质量要求；

（四）成果形式和提交时间；

（五）报酬及支付方式；

（六）双方的权利与义务；

（七）违约责任和争议解决方式；

（八）保密事项；

（九）双方的签字盖章。

第十四条　如业务外包过程中涉及主合同之外其他特殊权利义务的，组织也可以与中介机构签订单独的补充协议进行约定。

第十五条　内部审计机构应当按照组织合同管理有关规定，严格履行业务外包合同（业务约定书）相关手续。

第五章　审计项目外包的质量控制

第十六条　内部审计机构应当充分参与、了解中介机构编制的项目审计方案的详细内容，明确审计目标、审计范围、审计内容、审计程序及方法，确保项目审计方案的科学性。

第十七条　在审计项目实施过程中，内部审计机构应当定期或不定期听取中介机构工作汇报、询问了解审计项目实施情况、帮助解决工作中遇到的问题等，确保中介机构业务实施过程的顺利。

第十八条　内部审计机构应当对中介机构提交的审计报告初稿进行复核并提出意见，确保审计报告的质量。

第十九条　中介机构完成审计项目工作后，内部审计机构应当督促其按照审计档案管理相关规定汇总整理并及时提交审计项目的档案资料。

第二十条　中介机构未能全面有效履行外包合同规定的义务，有下列情形之一的，内部审计机构可以向组织建议终止合同，拒付或酌情扣减审计费用：

（一）未按合同的要求实施审计，随意简化审计程序；

（二）审计程序不规范，审计报告严重失实，审计结论不准确，且拒绝进行重新审计或纠正；

（三）存在应披露而未披露的重大事项等重大错漏；

（四）违反职业道德，弄虚作假、串通作弊、泄露被审计单位秘密；

（五）擅自将受托审计业务委托给第三方；

（六）其他损害委托方或被审计单位的行为。

第六章 评价中介机构的工作质量

第二十一条 内部审计机构可以针对具体的审计项目对中介机构的工作质量进行评价,也可以针对中介机构一定时期的工作质量进行总体评价。

第二十二条 内部审计机构对中介机构工作质量的评价,一般包括:

(一)履行业务外包合同(业务约定书)承诺的情况;

(二)审计项目的质量;

(三)专业胜任能力和职业道德;

(四)归档资料的完整性;

(五)其他方面。

第二十三条 内部审计机构可以采用定性、定量或者定性定量相结合的方式对中介机构的工作质量进行评价。

第二十四条 组织及其内部审计机构应当把对中介机构工作质量评价的结果,作为建立中介机构备选库、选择和确定中介机构的重要参考。中介机构违背业务外包合同(业务约定书)的,内部审计机构应当根据评价结果,依照合同约定,向组织建议追究中介机构的违约责任。

第七章 附 则

第二十五条 本准则由中国内部审计协会发布并负责解释。

第二十六条 本准则自2019年6月1日起施行。

参考文献

[1] 叶陈云. 内部审计学[M]. 北京：经济科学出版社，2017.

[2] 叶陈云. 公司内部审计[M]. 北京：机械工业出版社，2018.

[3] 吴沁红，刘会齐，王凡林. 审计信息化理论与实务[M]. 北京：电子工业出版社，2018.

[4] 樊斌，周忠宝. 大数据审计分析[M]. 北京：高等教育出版社，2018.

[5] 王宝庆. 审计新论[M]. 北京：经济科学出版社，2018.

[6] 贺志东. 最新审计技术与管理操作实务全案[M]. 北京：电子工业出版社，2019.

[7] 么秀杰. 审计全流程实操从入门到精通[M]. 北京：中国铁道出版社，2018.

[8] 朱锦余. 审计[M]. 大连：东北财经大学出版社，2017.

[9] 沈琨，刘天鹏. 审计理论与实务[M]. 北京：清华大学出版社，2017.

[10] 尹维劼. 现代企业内部审计精要[M]. 北京：中信出版社，2015.

[11] 满令元."三位一体"监督体系下的内控审计管理[J]. 现代工业经济和信息化，2017，7（24）：74-75.

[12] 邝兴吉. 财务报表与内部控制整合审计案例研究[J]. 财会通讯，2018（31）：43-47.

[13] 鲍诗度，陈文懿. 当前企业内部控制质量评价体系的理论进展与提升[J]. 河南社会科学，2019，27（02）：115-120.

[14] 杨涛，梁晓攀，王鹏，等. 非现场内部审计的探索和运用[J]. 中国内部审计，2018（09）：64-66.

[15] 马艺菡. 关于完善我国内部审计准则的思考——从内部审计定义、具体准则角度[J]. 广西质量监督导报，2019（06）：238-239.